历史的深度

金冲及 李怀印 等◎著

北京联合出版公司

图书在版编目（CIP）数据

历史的深度 / 金冲及等著 . -- 北京：北京联合出
版公司 , 2024. 8. -- ISBN 978-7-5596-7742-6（2024.12 重印）

Ⅰ . K250.7-53

中国国家版本馆 CIP 数据核字第 2024HH7204 号

历史的深度

作　　者：金冲及　李怀印 等
出 品 人：赵红仕
策　　划：张　缘
责任编辑：周　杨
封面设计：WONDERLAND Book design
仙德 QQ:344581934
版式设计：张　敏
责任编审：赵　娜

北京联合出版公司出版
（北京市西城区德外大街 83 号楼 9 层　100088）
北京华景时代文化传媒有限公司发行
北京文昌阁彩色印刷有限责任公司印刷　　新华书店经销
字数 107 千字　　880 毫米 ×1230 毫米　　1/32　　8.25 印张
2024 年 8 月第 1 版　　2024 年 12 月第 2 次印刷
ISBN 978-7-5596-7742-6
定价：58.00 元

编者的话

历史的选择是如何做出的？这不是一个可以简单回答的问题，因为历史背后的发展逻辑拥有超乎人们一般想象的复杂性。面对历史，我们往往需要借助多元视角，才能获得公允、深刻的见解。

历史选择的逻辑从不简单，影响一个国家历史进程的因素也从不单纯，其中既有国内政治、经济、文化等因素之间的相互关系，也有国际外部因素的多重影响；在一些历史发展的关头，不仅存在军事力量的硬性比拼，还要看领袖、精英的判断与选择，更不能忽视社会大众的情绪和吁求……

本书通过讲述从晚清到中华人民共和国成立这段重要的历史中一些重大事件或重要人物，提供宏观、中观、微观三种视角，以点带面，让读者更深刻地理解这段重要历史时期。

本书篇目基本上以时间顺序进行编排，作者中有历史学者、党史大家和文化名家，甚至还有梁启超这样的关键历史事件当事人。本书编者希望通过对这些关键节点的展现和讨论，让读者在话题和"历史现场"的切换、推进中认识到历史的复杂性，并且通过这种读史架构，帮助读者找到一种把握和感知历史发展动力机制的方法。

2024 年 7 月

目录

晚清国家转型的路径与成败

——以"三重均衡态"分析为中心

李怀印

1840 年鸦片战争后，中国开启了国家转型的历程，即由早期近代疆域国家转型为近代主权国家。这一过程历时半个多世纪，至 1911 年清朝终结、1912 年中华民国肇建方告一段落。此一转型过程如此复杂且充满曲折，对它的解读和评判自然不宜简单地以"失败"或"成功"论之。

迄今为止，对晚清史的解读有两种不同的视角。一种见之于人们所熟悉的"失败"叙事。自 1840 年鸦片战争始，晚清中国不仅在对外关系方面屡遭列强入侵，被迫签订了一系列割地赔款、丧权辱国的不平等条约；而且在内政方面的各种变革努力，无论是自上而下的改革，还是自下而上的起义或革命，最终均未取得真正的成功。至于晚清历史为何充满挫折，既往的研究提供了各种解释。其中一个显而易见的因素，是 19 世纪以来列强的对华军事和经济侵略。外国资本主义的入侵，不仅打断中国自身的经济和社会演进历程，而且通过攫取一系列在华特权和利用不公平贸易手段，阻碍近代中国民族工商业的成长。这一历史叙事，事实上构成从 20 世纪 50 年代起在中国近代史学界占主导地位的革命史范式的核心特征之一。而在 20世纪 80 年代兴起的"文化热"和现代化研究中，国内学者越来越多地倾向于从内部寻找原因，把近代中国的失败归结于自身种种"落后"症状，包括清朝统治者重农抑商的经济政策，精英阶层重文轻武、因循守旧，以及对外关系上排外仇外的态度和颟顸无能的表现等。

海外学者在 20 世纪五六十年代也把晚清的失败归咎于儒家意识形态和相关制度的羁绊。20 世纪 70 年代以后，人们倾向于从 19 世纪之前的历史中寻找近代中国落后的原因，把焦点投在经济、技术和社会层面。其中影响较大者，先后有英国历史学家伊懋可（Mark Elvin，1938—2023）提出的高度均衡陷阱说，历史社会学家黄宗智（Philip C. C.Huang，1940—）的内卷说，以及美国历史学家彭慕兰（Kenneth Pomeranz，1958—）的大分流说。他们各自学说的不同在于：伊懋可和黄宗智都认为人口压力及由此所带来的劳动密集化是中国经济落后于欧洲的根源，而且这种落后在明清时期一直存在；彭慕兰则认为中国的落后只是发生在 1800 年以后，而在 1800 年之前，中国与欧洲在生产力水平和人均生活水平方面并无实质差别，都有因人口压力而陷入劳动密集化困境的趋向。

不过，除以上种种"失败"叙事之外，近几十年来，强调中国在 19 世纪走向近代的过程中取得"成功"或"进步"的论说也日渐增多。20 世纪 80 年代，国内学者曾展开有关近代中国历史主线的讨论，其中一种观点认为鸦片战争后的中国除沦为半殖民地这一"向下沉沦"的过程外，还有从封建主义过渡到半封建或半资本主义这一"向上发展"的过程，且认为从 19 世纪 60 年代开始的洋务运动，开启了中国"资本主义化"或"近代化"的先河。此后，在日益兴盛的中国近代化或早期现代化研究中，越来越多的研究者关注晚清在国防、外交、工商、教育、公共卫生等领域所取得的成就，从而推动中国近代史学界现代化范式的流行。

同样的趋势见于海外近半个世纪以来的中国近代史研究领域。例如，美国普林斯顿大学东亚系和历史系教授本杰明·艾尔曼（Benjamin A. Elman，1946— ）对中国近代科技史的研究即试图论证：晚清从 19 世纪 60 年代起在通过译书引进西方科技以及制造业和军事的近代化方面，曾在整个东亚地区处于领先的地位；只是甲午战败才导致人们回望过去，认为中国在与日本的竞争中成了输家。有关 19 世纪 70 年代和 80 年代的轮船招商局及其他洋务企业的研究，也强调了这些举措在打破外国垄断、发展本国工商业方面所取得的成就。至于文化传统在晚清近代化过程中的作用，人们也不再聚焦于其消极的一面，而是强调经世致用的儒学传统对洋务事业的正面影响。

以上各种解释，视角不一，所关注的问题也往往不在同一层面。海外学者解读中国为何"落后"的问题，焦点多在经济、技术和人口层面，且集中于 19 世纪之前。而相当多的晚清史研究，无论来自国内还是海外学者，所关注的要么是鸦片战争以后中国走向近代的各项成就，要么是晚清内政外交屡遭挫折的根由，焦点多在国防、外交、洋务、政治、思想等领域。这些研究，对晚清历史无论是持"唱盛"还是"唱衰"的立场，所提供的多为局部画面。迄今为止，从近代国家形成或转型的宏观角度进行的较为系统的探索尚不多见。本文试图就此作初步尝试，旨在在国内外现有研究的基础上提出一个概略性的诠释架构，希望抛砖引玉，引起学界同仁的更多关注。

所谓"近代国家建造"或"国家形成"，是早期近代即从 16 世纪开始延续数百年的漫长历史过程。在此之前，世界上并不存在真正意义上的民族国家或主权国家，只有大大小小不同形式的政治实体，诸如帝国、属国、公国、领地、城邦等。在中世纪晚期的欧洲，这些名目不一的政治体杂乱多变，数目在 200~500 个。清朝则以天朝上国自居，与周边邻国维持着亲疏程度不等的朝贡关系，彼此之间同样不存在近代意义上的主权国家概念。但从 16 世纪开始，欧洲各地便已开启国家重组和建造过程。经过长期竞争、兼并，到 19 世纪中叶，这些政治体的数量减至 100 个以内，到 19 世纪末只剩 30 个左右。[1] 其中绝大多数为近代民族国家，在国际法框架下拥有领土主权，国与国之间边界分明，法律上平等相待。

至于国家形成背后的动力，既往的研究指出了各种制约和驱动因素。早期著述多侧重地缘政治角逐，尤其是国与国之间的军事竞争。后来的研究更深入决定地缘竞争胜负背后的经济结构和社会组织，以及在此基础上所形成的国家财政汲取能力。因此，以"财政—军事国家"为核心的分析架构在最近一二十年日益流行。除地缘、军事和财政因素之外，也有研究者指出历史文化传统、宗教、法律以及触发国家形成过程启动的特定时空背景等诸多因素，导致各国走上不同的建国道路。

中国在 19 世纪同样开启了一场漫长而艰巨的近代国家建造历程。但这种建造过程，不同于欧洲和非西方世界大多数国家所经历的从无到有的国家形成过程，而是一场"国家转型"，即从 19 世纪之前的早期近代疆域国家向近代主权国家过渡。之所以用"早期近代"界定之，是因为 19 世纪之前的清政权已具备同时代欧洲各国的若干特征，包括高度世俗化的中央集权官僚制度、富有效率的正规化征税体系、择优录取的用人制度、完备的法律体系及正规化的常备军。所有这些，皆迥然有别于欧洲早期近代国家形成之前的"前近代"状态，诸如国家权力分散于地方领主、公国、教会、城邦等五花八门的政治或宗教实体，世俗政权的职位被垄断于世袭王侯贵族之手，税收主要依赖效率低下、流失严重的外包手段，防卫主要依赖雇佣军等。欧洲国家经过数百年的国家形成或国家建造过程，才摆脱这些"前近代"症状，具备了早期近代国家的上述特征。

之所以谓之"疆域国家"，是因为清朝的疆域到18世纪50年代，不仅已经稳定下来，而且基本上做到了与周边国家明确划界，一如早期近代欧洲国家。不同之处在于，此时清朝尚未接受西方在近代国际法框架下所形成的主权国家概念和国际关系准则。清朝统治者在处理对外关系上的理念，跟西方国际法下各主权国一律平等、互不干涉内政的原则南辕北辙。所以，把这两个特征综合起来，将18世纪中叶业已定型的清朝称作"早期近代疆域国家"（early-modern territorial state），应是恰当的。

1840年鸦片战争后，中国开启了国家转型的历程，即由早期近代疆域国家转型为近代主权国家。这一过程历时半个多世纪，至 1911 年清朝终结、1912 年中华民国肇建方告一段落。此一转型过程如此复杂且充满曲折，对它的解读和评判自然不宜简单地以"失败"或"成功"论之。同时，从国家转型的视角理解晚清历史，也不宜局限于某个层面或某个片段，而应超越既往的零碎化研究，尽可能把握晚清中国的近代转型过程的全貌。尤有进者，解读晚清国家转型，视角不宜限于晚清本身，而需从清代前期的历史中探寻其发展脉络，且需联系清朝之后的国家演变来判断晚清的进展或不足。而要从整体上把握国家转型这一宏大而复杂的过程，又需有一合理而可行的分析架构。所谓"合理"，即这一架构需考虑到制约或驱动国家转型的最关键因素；所谓"可行"，即这些因素不能无限增多，而只能限定在可操作范围之内。如前所示，影响国家形成或转型的因素很多，既有源自外部的，也有植根国内的，就其内容而言，则涉及经济、社会、政治、财政、军事等各个领域，乃至一个社会或阶层的文化、心理和价值体系，以及统治者的个人才智，等等。但在有限的篇幅之内，我们只能去粗取精，抓住其中几个最为核心的关键变量。在本文中，这些变量包含以下三组因素：（1）地缘格局，即一个国家相对于周边其他国家所具有的实力以及由此所建构的国与国之间的关系。无论在近代西方还是非西方世界，如何在激烈竞争的国际环境中取得优势地位或者避免沦亡危机，在很大程度上决定了一个国家的地缘战略及相应的建国目标和内政方针。（2）财政构造，即一个国家的财政收入与支出的构成及相互关系。财政收支关系，亦即一个国家财政能力的大小，从根本上说，取决于其所依赖的经济基础或社会经济结构，但它比经济基础或生产方式本身更能直接地影响一个国家的军事实力和实现其战略目标的潜力。（3）政治认同，关键在于一个国家的中央与地方之间的权力分配关系或权力集中程度，不同社会群体和利益集团之间的权力分配，以及由此所产生的对国家政权及其政策目标的认同程度。权力越统一和集中，且不同利益群体对国家目标的认同度越高，那么，国家协调和控制各种资源的能力越强，效率也越高，实现其战略目标的可能性便越大。反之亦然。

本文对清朝国家形成和转型过程的分析，将始终围绕以上三个方面的因素加以展开。全文的核心论点是，清朝从1644年入关到18世纪50年代完成疆域整合，在此一个多世纪的时间里，形成地缘格局、财政构造和政治认同方面的三重均衡态。这种均衡态既推动清朝走向盛世，同时也构成陷阱，阻碍清朝国家能力的提升。1800 年以后，清朝在财政、地缘和认同方面日益失衡，延续近一个世纪的三重均衡态最终在 19 世纪 50 年代被彻底颠覆。19 世纪 60 年代至 90 年代初，三重均衡态逐步得以重新建立，使"同光中兴"成为可能，但也更加脆弱和短暂。甲午战争以后，这种均衡态再度丧失，让位于"三重不均衡态"。概而言之，嘉道以后清朝国力衰退的根本原因，在于其 18 世纪中叶即已全面形成的均衡陷阱。而同光时期三重均衡态的再现和丧失，既给晚清国家转型的努力带来部分成功，使其得以维持在盛世时期业已奠定的疆域格局，开启向主权国家的过渡过程，同时也导致清季十年国家转型的失败和清朝的最终覆亡。

一、"盛世"背后：18 世纪清朝的三重均衡态

18 世纪的中国，历经了康熙、雍正、乾隆三朝"盛世"。我们将会发现，所谓"康乾盛世"实际上是由地缘格局、财政构造和政治认同三大要素所构成的三重均衡态的表征。而这种均衡态的形成又有其特定的条件；它在塑

就清朝鼎盛时期空前国力的同时，也使其治理形态的演进和财政、军事能力的增长趋于停滞，进而对 19 世纪晚清中国的国家转型路径产生深远影响。

（一）地缘格局的均衡态

先看 18 世纪清代中国地缘均衡态的形成。清朝以前的华夏王朝，远自秦汉，晚至宋明，作为农耕民族所建立的以中原为中心地带的汉人政权，对来自北方和西北部以游牧、狩猎为生的异族的袭扰和入侵，多采取防御姿态，其地缘战略是不对称的。但 1644 年以后清朝入主中原，从根本上改变了这一不均衡的战略格局。自 17 世纪 50 年代清朝完全控制内地各省之后，长城内外连成一片。清朝的陆地疆域也在此后近半个世纪一度稳定下来，其有效控制范围涵盖内地十八省（含 1683 年收复并隶属福建省的澎湖和台湾）及入关之前即已掌控的东北全境和漠南蒙古。但清朝在 17 世纪 50 年代所形成的地缘格局均衡只是暂时的。康熙年间，不仅内有三藩之乱，历时八年方才平定，外有沙俄入侵黑龙江流域，终以 1689 年双方签订合约得以解决，而且在此前后迎来更为严峻的挑战，即漠西蒙古准噶尔部的扩张。经过历时半个多世纪针对准噶尔部及回部的用兵，清朝的治理范围进一步扩大并大体稳定下来，其地缘战略格局也在此后出现历时近一个世纪的均衡态。

这里所谓的"均衡态"有两层含义。其一，清朝的疆域自 1644 年入关便涵盖游牧地带与农耕地带两个部分。这两个地带之间延续数千年的军事对峙和冲突不复存在，从而大大减轻内地农耕人口为了抵御周边游牧部落入侵所承受的沉重财政负担。但仅仅将游牧地带与农耕地带合二为一，并不意味着清朝的国防安全问题已得到解决。因此，其二，清朝还须通过与漠西蒙古准噶尔部的反复较量以及对青海地区和硕特部和天山南路诸回部的战争，逐步将漠北蒙古、西藏、青海和新疆纳入治理体系，不留任何缺口，把周边漫长的非农耕地带全部打造成由朝廷直接驻防的边疆，由此建立起牢固的防卫体系。清朝在 18 世纪中叶基本达成这一战略目标，其地缘安全从此有了全面保障，在 19 世纪中叶西方列强到来之前，不再存在任何致命威胁。

也正因此，清朝的正规军事建制，包括兵力规模和武器装备，在 18 世纪 50 年代以后的一个世纪里基本维持在原有水平，甚至因为长期处于和平状态而走向松弛和衰退。这是清朝地缘格局均衡态的最突出表征。这与早期近代欧洲的列国竞争、相互兼并的状态，以及各国为求生存而全力推进其武力的常规化、正规化，不断更新武器装备，从而经历一场军事革命，适成鲜明对比。

（二）财政构造的均衡态

清朝之所以能够战胜其主要战略对手准噶尔部，不仅因为清朝作为原本以狩猎、掳掠和农耕为业的满人所创建的政权，本身是在不断征战的过程中成长起来的，并且在长期征讨中积累了大量军事经验和足够自信。更为重要的是，其军事能力获得内地所提供的财政支撑。清朝在 17 世纪后期稳定对内地的统治之后，便在财政构造上逐渐形成一种均衡态，即国库常规岁入[2]与岁出[3]均处在大体稳定、长期略有上升的状态，并且在常态下总是收略大于支，从而产生一定的盈余。作为国库收入最大项的田赋[4]，在整个 18 世纪，始终固定在每年 3000 万两上下。但随着人口增加和贸易量扩大，包括盐税和关税在内的各种间接税数额则在缓慢上升，导致清朝国库总收入从 17 世纪晚期的每年 3400 万两左右，增至 18 世纪 20 年代的每年 3600 万两上下。而到 18 世纪后半期和 19 世纪前半期，清朝国库的正式收入每年在 4000 万至 4300 万两之间浮动，同一时期的国库正式开支则在 3200 万至 3600 万两之间浮动，由此每年产生 500 万至 800 万两的盈余。这种盈余最直观的指标，是户部银库的库存经年累积，在康熙年间最高达 4700 多万两（1719 年），雍正年间最高达 6200 多万两（1730 年），而到乾隆年间最高达 8300 多万两（1778 年），相当于国库岁入总数的近两倍。[5]

因此，整个 18 世纪和 19 世纪前半期，清朝不必通过增加土地税率或其他征税手段，仅凭财政盈余，辅之以富商自愿捐输，即可应付异常情况下的额外开销。事实上，清廷不仅无须在边陲用兵时增加百姓田赋负担，而且在和平年代国库盈余增加而无适当去处之时，宣布在全国分批实行田赋蠲免，这跟近代国家形成之前的欧洲各国为筹措财源几乎到了竭泽而渔的程度截然相反。无论是巨额国库盈余的存在，田赋税额的稳定和低税率，还是康雍乾三朝反复实施的田赋蠲免，所反映的都是早期近代以来东西方各大国所仅见的财政均衡态。这种均衡态之所以得以长期维持，根本原因在于其需求侧和供给侧在特定条件下所保持的相对稳定。

（三）政治认同的均衡态

最后，还有政治层面的均衡态。清朝入主中原后，面临着以往汉人王朝统治中原本土所未曾遭遇的障碍，即汉人精英乃至普通民众对政权的认同问题。事实上，有清一代，满汉矛盾始终是一个难解的结。总体来讲，清朝入主中原后，依靠软硬两手巩固其政权。清朝前期，硬的一手用得较频繁，即以镇压手段对付汉人的"反动"言行。但随着统治的稳定，清廷愈益注重软的一手，致力于弥合满汉裂痕。事实上，清朝入关之初，即强调其"得天下之正"，将自身定位为继承前明、统治华夏的正统政权；内地十八省的治理体系大体上也因袭明朝的架构。与此同时，满人统治精英本身在入关之后便快速汉化，接受汉人的语言文字和风俗习惯。意识形态和文化教育方面，清朝尊奉儒学，提倡礼教，倡行科举和乡约制度，赢得汉人士绅的认可和忠心。最为重要的是，清朝在国家治理方面，把儒家"仁政"理念落到实处，从入关之初废除明末"三饷"，到康熙时期宣布"盛世滋生人丁永不加赋"，在整个 18 世纪和 19 世纪前半期，田赋征收一直处在较低水平；税率大体维持在土地产出的 2%~4%，直至清季依然如此，不仅在整个中国历史上而且在同时代的世界各国，均处于最低的行列。[6]清朝之所以能够长期执行轻徭薄赋的政策，当然不仅因为亟须通过践行儒家理念证明其统治的正当，更重要的是如前所述，清朝的地缘均衡态使其军事开支相对于全国经济产出占比极低。国家有限且稳定的财政需求，再除以庞大的纳税人口，使得清朝在 1900 年之前的人均纳税负担一直维持在一个前所未有的低水平。

除满汉关系之外，如何处理好中央与边疆的关系，对清廷稳固其统治地位同样重要。清廷治边目标与治理内地全然不同。内地对清廷的重要性，在于各省税款构成中央财政的全部来源；有效地治理内地，也是其统治整个中国、建立起华夏正统王朝地位的根基所在。而边疆的重要性主要在于其为清朝统治内地提供国防安全的保障，而不在于其财政上对中央的贡献。事实上，清廷除了在年班[7]时接受边疆王公贵族们象征性的贡品之外，对边疆地区在物质上别无所求；边疆对中央没有上交地方税款的义务。相反，中央为维持边疆驻军及军政人员的开销，还得在财政上倒贴边疆各地。所有这些，都跟同时代欧亚大陆的其他军事帝国或殖民帝国把最大化地榨取税款或贡赋[8]作为其统治所征服地域的最主要目的，构成鲜明对比。正因为清廷的统治对边疆地区并未带来任何财政负担，也正因为清廷不插手边疆内部行政事务，同时还因为清朝统治者对边疆的宗教事务扮演护主的角色，并佐以分而治之的策略，这些因素加在一起，使得从蒙古到新疆和西藏在内的广大边疆地区（更不用说作为清朝发祥之地的东北地区），一直接受、服从清廷的统治，极少出现欧亚大陆其他帝国历史上屡见不鲜的离心倾向和叛乱现象。相较于18世纪和19世纪欧洲大陆在民族主义激荡下各中小民族为反抗外来统治纷纷揭竿而起，独立建国运动汹涌澎湃，帝国体系四分五裂，清朝18世纪的内地和18世纪50年代以后的边疆，总体来讲可谓风平浪静。

（四）三重均衡陷阱

以上所讨论的清朝在地缘格局、财政构造以及政治认同方面所形成的三重均衡态，彼此交织在一起，相辅相成。正是由于地缘上的均衡态，亦即清朝与周边国家之间不再存在战略竞争的关系，才有可能出现财政上的均衡态，亦即军事开支的有限和稳定性这一主要因素导致清朝国库收入与支出水平相对稳定，且收入略大于支出，产生一定的结余。同时，也正是因为清朝地缘和财政的均衡态，才有可能产生政治层面的均衡态，使清朝中央有可能在内地实行以低税政策为核心的"仁政"，同时在边疆建立宽松、多元的治理体系，维持整个国家的稳定，出现中国历史上少有的长期安宁局面。

然而，三重均衡态在支撑清朝盛世的同时，也构成阻碍其提升国力的陷阱。由于不存在外部竞争，中央没有必要不断扩充军队或持续更新装备并为此付出巨额开支。稳定的军事建制和常年军费进一步保证清朝财政需求的基本稳定。而内地各省以其庞大的纳税人口，即使在人均税率极低的条件下，也能产生足够的收入，满足其财政需求。因此，清政府没有必要为了提高汲取能力而打造一个庞大的官僚机器，将其行政触角向县级以下延伸；依靠非正式的无须国家财政负担的保甲组织或其变种，地方州县足以完成田赋征收任务，维持社会治安。正因如此，相对于中国庞大的人口数量，清朝的军队规模和政府官员人数所占比重，在同时代世界各主要国家中均居最低行列。相对于中国的经济总产值，清朝的军事开支和供养军政官员的开支所占比重也是同时代世界各主要国家中最低的。

然而，清政府在享受低成本的治理优势的同时，却也丧失了提高国家对内汲取能力和对外竞争能力的动力，跟早期近代欧洲的情形再次形成鲜明对比。16世纪以后欧洲列国竞争的加剧，导致各国为支撑对外战争以及军事组织和装备的不断扩大、升级，用尽各种手段汲取本国经济资源。总体来讲，在16世纪至18世纪列国竞争的早期近代欧洲，为满足不断攀升的军事开支而提高国家的征税能力，并进一步为此而强化国家机器对社会的渗透，使官僚机器走向集中化、制度化和科层化，成为近代国家形成的最根本动力。相形之下，18世纪处于"盛世"的清朝，由于边疆防卫体系的牢固建立和巨额国库盈余的存在，统治者既没有扩大和提升军事能力的必要，也没有加强赋税征收机器的迫切需求。在整个18世纪和19世纪前期，谈不上国家转型问题。

（五）均衡态的终结

三重均衡态在18世纪乃至19世纪前半期清代中国的存在，是有条件的和低水平的。如前所述，地缘格局均衡态的前提条件是清朝与周边国家不存在战略博弈关系。但这一条件并非给定的、绝对的。早在17世纪和18世纪，随着西洋各国航海贸易的扩张和资本主义世界体系的初步形成，荷兰和英国的东印度公司即把贸易活动延伸到远东各地。到 19 世纪上半期，经过工业革命洗礼的西方列强，为了扩张对华贸易，最终用坚船利炮敲开了清朝的国门。鸦片战争，尤其是英、法两国发动的第二次鸦片战争，最终颠覆了地缘战略格局的均衡态；清朝在外来强敌面前节节败退，从此进入丧权辱国的时代。

清朝财政构造的均衡态也是有条件的和暂时的。就供给侧而言，到 18 世纪末和 19 世纪前半期，由于两个前提条件的消失，国家的财政供给能力被严重削弱。其一是 18 世纪后期人口的急剧增长，导致人均耕地面积大幅下降（从 1766 年每个农夫平均耕种 25.22 亩降至 1812 年的 14.94 亩；1 亩 ≈ 667 平方米），人均粮食产量随之下降，可供汲取的农业剩余随之减少，农户的纳税能力也受到相应影响。[9] 其二是 19 世纪前半期鸦片走私贸易的迅速扩大导致白银外流，国内市场上白银价格不断攀升，白银与铜钱的比率随之上升，进一步削弱农户月白银缴纳田赋的能力。在白莲教起义被平定后、鸦片战争爆发前的近 40 年里，尽管没有重大战事，并无巨额用兵开销，但清朝户部银库存银并未如康雍乾盛世那样在用兵之后迅速回弹至 6000 万乃至 8000 万两以上的高位，而是一直在 1700 万至 3300 万两的低位徘徊，根本原因即在农业人口的纳税能力大不如前。至于需求侧，第一次鸦片战争的巨额开销及战后赔款，导致户部存银降至1842年的1301万两和次年的993万两，为1686年以来的最低点。[10]1851年爆发的太平天国运动在不到两年时间内席卷南方，控制了作为清朝最重要财源的江南地区。清朝财政入不敷出，其均衡态至此被颠覆。

事实上，太平天国运动所冲击的不仅是清朝财政构造的均衡态，还有统治集团内部权力关系和政治认同层面的均衡态。太平天国公开标榜反清立场，撕开了清初以来历朝统治者竭力弥合的满汉裂痕。更为重要的是，在镇压太平天国运动的过程中，清朝的权力重心也在从中央向地方督抚、从满人贵族向汉人官僚转移。以满汉关系为核心的政治均衡态受到前所未有的冲击，从此发生质的变化，即由汉人官僚对清廷的无条件臣服，逐渐转变为"有条件忠诚"（见下文）。总之，在19世纪前半期，随着三重均衡态的次第消失，清朝的盛世早已成为过去，迎来的将是国运的巨大不确定性，以及晚清政权艰难的转型历程。

二、何以"中兴"：晚清时期三重均衡态的再现

（一）地缘均衡态的重建

清朝的存续在 1860 年前后曾达到最紧要关头。在北方，始自 1856 年的第二次鸦片战争，经过双方历时数年的冲突和交涉，形势陡然严峻，大沽、京师先后失守，英法联军长驱直入，火烧圆明园。在南方，一直驻守在天京外围的江南大营被攻破，清朝失守财政上对其最重要的长江下游。此时的清政权可谓危在旦夕。然而，令人讶异的是，清朝在 1860 年以后悄然步入所谓"同光中兴"[11]的佳境。经过 30 年"自强"运动，到 19 世纪 80 年代后期和 90 年代初期，内忧外患似已日渐远去。

"同光中兴"之所以成为可能，关键在于晚清权力结构在此期间发生实质性变化，形成"区域化集中主义"（regionalized centralism）的新格局。而 1860 年清廷为挽救危局，协调各方共同对付太平军，任命曾国藩为兵部尚书、两江总督，授以督办江南军务的大权，则是这场转变的关键点；对于清廷来说，此举虽属无奈，却也构成此后 30 多年晚清政权摆脱危机、走向"中兴"之契机。所谓

"区域化集中主义"，指的是 19 世纪 60 年代以后清朝中央与地方关系的重大调整。大前提是中央仍保持对地方督抚任免、重大军政举措以及地方财政收支正式管道的有效调控。在此前提下，中央允许督抚们在地方治理方面拥有过去所不具备的便宜行事之权，包括招募、指挥非正式的地方兵勇，为满足地方军需而增设非正式的地方税种（主要是厘金[12]），为新增税种自行设置征收机构并委任办事人员，利用新增财源举办各项军事和民用事业，以及日益频繁地从下属当中向中央举荐地方各级官员人选等。事实上，正是由于清廷放权，太平天国起义方得以平息；也正是由于督抚们对所在地域拥有比过去大得多的财政、军事和行政控制权，一系列"洋务"新政在他们的主持和中央的支持下才得以次第展开。区域化集中主义的权力和资源再分配机制，是这些举措背后最有力的支撑。

1884 年新疆设省和 1888 年北洋水师成立，标志着历时近 30 年的"中兴"大业达到巅峰。此时的中国在地缘格局关系上已经重新建立起一种均衡态。昔日屡遭欧洲列强欺凌、动辄割地赔款的耻辱已成过往；19 世纪 70 年代初曾经让朝廷上下十分纠结的"海防"与"塞防"之争，都有了落实，并取得了当初不敢企望的重大进展乃至圆满解决。以陕甘总督、钦差大臣左宗棠牵头的对入侵新疆的阿古柏[13]势力的西征，由于装备了自行仿制的西式武器，加之经费上有中央的全力支持和左宗棠个人的调度，成功解决了事关成败的远途后勤支援问题，因而取得战场上的完全胜利。1884年中法两国为交涉越南问题而交战，虽然开战之初福建水师遭受突袭而损失惨重，但中方在陆路大获全胜。为结束战争，中国第一次作为平等的对手与欧洲强国坐下来谈判，不再像过去那样割地赔款。而战争之初水师的失利，也敦促清廷在战后下决心大力投入海军建设。数年后，北洋水师建成，其规模之大、实力之强，一时遥居远东各国之首。负责主持水师建设的北洋大臣、直隶总督李鸿章，对水师捍卫海疆的能力颇为自信，他在1891年五六月间校阅北洋舰队之后，称海军战备尚能日异月新，就防守渤海门户而论已有深固不摇之势。

李鸿章所言，就当时而论，并非虚妄。19世纪80年代后期的大清，就海军乃至总体国防实力而言，与过去相比已有巨大的提升；与日本在内的周边东亚邻国相比，也不遑多让。在引进西方的先进科技包括西学的翻译和传播方面，中国同样居于东亚地区领先地位。到了19世纪90年代初，无论在国人还是外人看来，大清在遭受道光、咸丰和同治初年的重重内忧外患之后，正在恢复元气，重新展现东方大国的气象，因而有"同光中兴"之谓。就中国与周边国家之间的战略关系而言，在1890年前后，的确出现了一种新的态势。这种海内外一片晏然、国力冉冉上升的景象，让晚清上层精英产生一种信念，即中国的地缘战略安全问题已获解决。因此，对国防建设的投入力度开始放缓，北洋水师在1888年建成之后也不再扩充，朝廷上下对潜在的外来挑战放松了警觉。

（二）财政均衡态的重建

晚清国家的财政构造，到19世纪80年代，也出现了新的均衡态：在政府开支大幅上升的同时，国库收入同步增长，再次达到收支平衡，且收入略大于支出，盈余逐年上升。同光年间的"中兴"事业，之所以取得重大进展，除区域化集中主义架构的支撑外，财政均衡态的重新形成构成另一关键性的推助力。

新的财政均衡态之所以得以形成，首先是由于19世纪后半期的国库收入构成发生根本变化，即由太平天国运动爆发前200多年间一直以缺乏弹性的农业税为主，逐渐转变为一种充满扩张潜能的全新形态，即以各项商业税种为主，并辅以过去所没有的近代融资手段。以厘金为例，仅就正式上报朝廷的数据而论，到 1887 年已达近 1675 万两白银，相当于田赋收入的一半多；而地方督抚隐瞒未报的厘金收入或达实际征额的百分之七八十。[14] 另一项急剧增加的税源是海关税，随着中外贸易的扩张，从 19 世纪 40 年代的 400 多万两剧增至 1887 年的 1932 万两。这两项税种相加，远远超过过去作为国库收入主渠道的田赋。总体上，晚清国家的财政收入，从鸦片战争前的 4000 万两左右增至 19 世纪 80 年代的 8000 万两上下，即翻了一番。这还仅仅是官方数据。如果把各省督抚及其下属实际征收但未上报的数额加起来，19 世纪 80 年代多在 1.5 亿两上下。即使只看官方数据，也可发现 19 世纪 80 年代清朝中央的历年开支总额通常小于收入总额，因而每年可以产生三四百万两的盈余，1888 年起每年在六七百万两，1891年达到 1000 多万两。[15] 可见，"同光中兴"并非仅是表象，而是有实实在在的国库盈余作为支撑的。

　　"同光中兴"期间财政均衡态的重新出现，折射了晚清中国的一个优势，姑谓之"大国红利"。即中国巨大的消费人群和疆域规模所产生的庞大市场，使政府通过加征国内和国际贸易税项即可产生巨额收入，满足额外开支，填补平息内乱、对外战争或重大洋务举措所产生的资金缺口。但是，这样一个长项，恰恰也构成晚清中国一个根本性的短项，即可以再次绕过现代国家转型这一环，不必像早期近代和近代欧洲国家那样，在列国竞争和军事革命所带来的国库严重透支的情况下，通过以建立、健全征税机构为核心的国家机器科层化、集中化过程，增强国家的汲取能力。而没有迈过现代国家形成这道门槛，晚清国家的财政瓶颈迟早会到来。

（三）政治均衡态的重建

最后，在政治认同层面，同光年间同样再度出现一种均衡态。如前所述，清朝前期依靠硬软两手，总体上成功地处理了满汉关系问题。但 1851 年太平天国运动的爆发，将满汉对立再次推至台前。事实上，太平军本可以"排满"为旗号，争取更多汉人的支持。但不同寻常的是，太平军自己所尊奉的，并非被汉人士子视为天经地义的本土儒家说教，而是在许多方面与儒家纲常伦理截然对立且经太平天国领袖改造过的基督教教义。这反而为依然效忠清廷的汉人精英提供了把柄。正是在共同捍卫儒家政治秩序的基础上，满汉精英联手镇压了太平天国运动，使摇摇欲坠的清政权得以幸存。在镇压太平天国运动期间及之后，越来越多的汉人精英得到重用，被任命为封疆大吏。一度被太平军撕裂的满汉关系因此得以弥合，并在此后几十年里，朝着满汉平等、融合的方向，甚至比过去走得更远。

政治层面均衡态再现的另一个表征，是清朝政权的制度架构及其背后的意识形态在太平天国运动之后重新得到确认和延续。经过太平天国运动和第二次鸦片战争的剧烈冲击，到 19 世纪 60 年代，朝廷上下的有识之士形成一种新的认知，即清朝要图存、自保，须改弦更张。这跟第一次鸦片战争之后的十几年间清朝内部毫无动静、一切规章制度因循守旧截然不同。但无论是像曾国藩、左宗棠和李鸿章这些为倡办"洋务"奔走最有力的封疆大吏，还是张之洞和刘坤一这样的后起之秀，均认为中国所欠缺而亟须补上的，仅仅是西方先进的工业文明和军事技术而已。他们对清朝政权体制和各项典章制度及其背后的儒家说教的正确性和有效性，均深信不疑。"中学为体，西学为用"因此构成"同光中兴"的主导理念。

（四）晚清政权的三重均衡陷阱

太平天国被镇压之后，再度主导晚清国运的由地缘格局、财政构造和政治认同所构成的三重均衡态，比清朝国家在 18 世纪所经历的三重均衡态，显得更加脆弱，历时也更短暂。之所以更加脆弱，不仅因为地缘均衡态是暂时的——在已经消退的来自欧洲老牌列强的威胁与即将到来的近邻日本的更致命冲击之间，中国获得了难得的 30 多年战略缓冲期，但仅仅是缓冲而已；也不仅因为"大国红利"只是一时的，财政供给的瓶颈迟早会到来。而且还因为，太平天国之后重新建立起来的传统政治秩序和表面上得到弥合的满汉关系，其赖以存在的基础也更加脆弱。其中最关键的变化，是汉人官僚对清廷的态度，已经从既往无条件臣服变为有条件忠诚。太平天国之前，汉人督抚乃至整个汉人精英集团在朝廷面前毫无讨价还价的余地。不仅儒家的君臣等级观念和朝廷对反动言行的严厉镇压，使这些封疆大吏及地方士绅在强大的皇权面前变得小心翼翼，而且在高度集权的行政和财政体制下，汉人督抚也没有任何杠杆可以自保。而在镇压太平天国期间及之后，在区域化集中主义架构下所形成的权力再分配格局，提高了充当洋务领袖的地方督抚的话语权。这些封疆大吏各自形成利益集团，在相当程度上控制住本区域的财政、军事和行政资源。他们对朝廷的忠诚变成有条件的，即只有在本集团利益得到朝廷尊重之时才会听命于中央，否则将不可避免地走向自主乃至最后宣布"独立"。1900年义和团运动高潮期间南方督抚共商"东南互保"[16]，不过是对清廷的一个预警而已。

三、"新政"的宿命：三重非均衡态的产生及其后果

（一）地缘格局的失衡

从甲午战争到清朝覆亡，短短18年间，中国的变革之剧前所未有。首先是地缘格局发生颠覆，从过去几十年间内乱渐息，外患远去，大清在洋务新政道路上一度走在东方各国的前列，隐隐然重新成为区域性大国，到1894年7月突然与日本交战，海陆两路全面溃败，最终以割让台湾岛及其附属各岛屿和澎湖列岛、赔款2.3亿两白银等代价收场。5年之后，一场更大的变故再次降临。从1899年底开始，义和团运动在华北迅速蔓延，列强借此组成八国联军进犯中国，北京在庚申之变[17]40年后再度落入外敌之手。清廷最后不得不在1901年9月签订和约，赔偿各

国 4.5 亿两白银。短短 7 年时间，清朝遭受两次重创，从往日再度崛起的大国骤然跌入受尽列强欺凌的深渊。"同光中兴"年间的地缘均衡态不复存在，取而代之的是甲午（1894 年）以后的敌强我弱和彻底失衡。

地缘环境的剧变，构成清朝走向全面转型的契机。两年前还对维新采取仇视态度的慈禧太后，于 1901 年初宣布推行新政，在国家根本制度和大政方针上改弦更张。"现代国家建造"这一根本性议题，在屡经 18 世纪清朝盛世和晚清"同光中兴"年间的推迟之后，终于在 20 世纪初被正式提上日程，自上而下在全国推广开来。但新政能否成功，取决于两个关键因素：一是清朝的财政构造是否具有足够的潜力支撑新政措施的各项开销；二是卷入新政的朝野各方能否凝聚共识，塑造新的政治认同，确保新政的顺利推进。下面先看清末十年的财政构造。

（二）财政构造的失衡

甲午以后，尤其是辛丑（1901 年）之后，清廷开支急剧上涨，入不敷出的状态愈演愈烈。"同光中兴"年间重新建立的低度均衡不复存在，代之而起的是清季十年的高度不均衡。导致财政失衡的首先是沉重的对外赔款和偿债负担。《辛丑条约》议定后，清廷每年支付对外赔款本息 2000 多万两，加上各种外债本息，共计 4500 万两。其次是推行各项新政的巨额开销，包括施行编练新军以及教育、司法、警察、自治等方面的举措，使得政府财政支出逐年飞涨。相较于甲午之前年均支出约 8000 万两，1903 年增长到近 1.35 亿两，1908 年为 2.37 亿两。至 1911 年，清政府年度财政支出预算达到 3.38 亿两，超过 1894 年支出的 4 倍。当然，清朝的财政收入也在快速增加。相较于 1894 年 8100 万两的岁入，1903 年已增至近 1.05 亿两，1908 年达到 2.35 亿两，1911 年更达 2.97 亿两。支撑财政收入上涨的最重要渠道还是盐税、厘金和海关税等商业税种。这几项税款加在一起，在 1894 年为 4255 万两，1911 年达 1.3164 亿两，占晚清国库收入的 44%。相比之下，田赋在晚清时期虽亦有所增长（从甲午前的 3300 万两上下增至 1903 年的 3700 多万两和 1911 年的 4800 万两），但在政府财政收入中的比重下降，从 1849 年的 88% 减至 1894 年的 40%，到 1911 年仅占 16%。[18] 因此，清政府的财政收入结构在其最后几十年间发生了根本性变革，即从原先主要依赖农业收入，并在很大程度上静态、固化的传统模式，转变为主要依赖商业税和借贷，富有弹性并不断扩张的新模式。就其财政结构而言，晚清中国已经跟 19 世纪中叶以前有根本的不同，更接近世界其他地区的现代民族国家。

值得注意的是，清末十年，虽然政府岁入也在快速增长，在 1894 年至 1911 年间年增 7.94%，但支出增加更快，同期年增 12.34%。结果，财政收支的不平衡问题日益严重，赤字逐年上升，1903 年达 3000 万两，1911 年剧增至 7900 万两（预算额）。[19] 相较于甲午前数十年晚清财政结构的低度均衡，甲午以后财政构造的根本特征是其高度不均衡。甲午前之所以还能够维持均衡，是因为总体上清廷还能够坚持"量入计出"的传统理财原则，即财政支出的增加，是以财政收入的增长为前提条件的。相形之下，1894 年之后是"量出计入"，即政府财政支出的急剧增长，驱使政府扩大财源，但收入增长远远滞后于支出增长，结果造成财政失衡，且在清季十年成为常态。

这里值得进一步思考的是，上述非均衡财政的常态化，如果跟新政启动十年之后清朝骤亡这一事实联系起来，是否意味着新政时期的财政制度已处于危机之中？换言之，清廷在其最后十年中是否因为新政的全面展开而汲取过度，以至于损害了其统治的合法性？解答这一问题至少需要考虑以下两个因素。其一是 19 世纪后半叶及 20 世纪初国际市场上银价长期下跌，导致国内银贱钱贵。清末 17 年间，国内白银购买力下降 40.35%。[20] 因此，虽然纸面上清政府财政收入在此期间上涨 3.66 倍（从 1894 年的 8100 万两增至 1911 年的 2.97 亿两），就购买力而言，仅增 2.18 倍；但政府实际收入的年增长率仅为 4.69%，而非 7.94%。另一因素是与可汲取资源相比较而言的晚清财政增收潜力。以往研究为我们提供了晚清国民生产总值的不同数据：1894 年为 42 亿两，1903 年为 58 亿两，1908 年为 69 亿两。[21] 如果这些数据可信，那么清朝官方岁入占中国经济产值的比重，1800 年仅为 1.5%，1894 年为 1.92%，1903 年为 1.81%，1908 年为 3.4%。如果以 69 亿两作为 1911 年中国经济产值的保守估算，那么政府岁入仅占当年经济总产值的 4.3%。[22] 当然，官方岁入远低于地方政府的实际征收税额。梁启超在 1909 年估计，政府全年各项收入总计为 1.3 亿两，加上督抚"外销不报之数"以及地方官吏、胥役、奸商层层盘剥中饱之数，"大约人民所负担，总在四万万两以外也"。[23] 即使我们认可梁启超的估计，当时的赋税负担也仅占中国经济产值的 5.79%。

可见，尽管新政时期清朝财政收入快速增长，清季十年的赋税负担或许并不像传统观点认为的那样过于沉重。换言之，财政不均衡态本身对清廷而言并不是致命的。导致清朝覆亡的主要原因，恐怕不在新政加重了民众赋税负担，而应在其他方面，下文将展开此点。

（三）政治生态的失衡

甲午以后，真正左右新政结局乃至清朝命运的，是其政治生态的失衡。清末新政的实施伴随着朝廷在财政、军事和行政等领域的全面集权。这些措施在带来财政收入剧增的同时，也打破了既往的政治均衡态，侵害汉人政治精英的核心利益，迫使他们弃守自 19 世纪 60 年代即已形成的有条件忠诚，最终走向清廷的对立面。

清季国家权力的全面集中，主要发生在最为紧要的财政和军事层面。集中财权的举措之一是 1908 年决议清理整顿财政。为此，中央向各省派出正副监理官，负责监督各省新成立的财政清理局，编写各省财政收支详细报告，尤其是其中长期瞒报中央的内容。与此同时，裁撤各省所有非正规财政机构，改革或取消布政使司，代之以新成立的财政局或财政公所，并且禁止各省督抚擅自举借外债和发行纸币。清廷集中财权的另一项重大举措，是改革食盐产销管理制度。1909 年清廷成立由满人贵族领班的督办盐政处，剥夺各省督抚的盐务管理权，包括盐务方面的人事任命和收入管理权，将其置于中央直接控制之下。这些集权措施效果明显，短短数年内，上报中央的厘金总额，从财政清理前的 1200 万两增至 1911 年的 4300 万两（度支部当年预算）。盐税更从财政清理前的 1300 万两剧增至 1911 年的 4600 多万两（预算），超过厘金和海关税，成为仅次于田赋的政府收入第二大来源。[24] 各省督抚从一开始便试图抵制财政清查和整顿，但在中央的高压下不得不在相当程度上放弃其既得利益，尽管财政清查的结果远非其瞒报的全部数额。双方在博弈过程中均有所妥协。

对清廷而言，更具挑战性的任务是通过建立新军，集中军权，由清廷新成立的练兵处统一编练三十六镇。在此过程中，朝廷与地方督抚之间也不可避免地产生冲突，因为后者（尤其是南方各省疆吏）多不愿按照中央要求增加税收以编练新军，并公开反对各军事单位的统一化和标准化，因为这将威胁到他们对地方武力的控制。在与中央争夺军权的博弈中，各省大员纷纷败下阵来；唯有直隶总督、北洋大臣袁世凯以练兵处会办大臣的身份，掌握编练新军的实权，成为一时的赢家。

清廷在新政期间的全面集权，不仅削弱了各省督抚的区域自主，导致中央与地方关系的失衡，使清季的权力格局由甲午前的区域化集中主义，向"去区域化"的全面集权过渡，同时还触及当时最为敏感的满汉关系，牵动每位汉人精英的神经。而清季满汉关系的转折点，则是1908年11月慈禧太后去世。在此之前，慈禧太后尚能起到纽带作用，把清廷与汉人疆吏联结在一起；慈禧听政几十年间，依靠汉人官僚处理军国大事，使朝廷渡过历次危机，而汉臣也因受重用而对清廷忠心耿耿。不幸的是，新政期间，那些有阅历、可信赖的汉人老臣先后谢世。结果，慈禧去世后，控制朝廷的皇族亲贵由于同各省及中央的汉人官僚无甚私交，只好将自己孤立在满人圈子里。他们在管理国家事务上缺乏经验，又不愿轻信汉人官僚，在同汉人官僚尤其是其中强势人物相处时，始终缺乏安全感。面对各种政治改革建议，皇室想当然地视其为限制满人特权、提升汉人权力的举措。满汉之间的隔阂，过去曾经是精英们公共话语中的一大禁忌，此时却主导了满人亲贵的自我意识。权倾朝野的袁世凯自然成为亲贵们的首要防范目标。结果不出所料，清室在1909年1月以袁世凯患"足疾"需要休养为由，除其官职。放逐袁世凯，仅仅是让袁世凯不再具有效忠清廷的义务；对袁世凯及其追随者而言，太平天国以来汉人官僚对清廷的有条件忠诚最终消失殆尽。这种忠诚的消退，其实不仅局限于封疆大吏，而且早已扩散到社会精英中间。上海预备立宪公会的发起人张謇在1909年年底组织代表赴京请愿时，曾表达："有诚不已，则请亦不已之谓。"[25] 与清廷叫板的意味已甚明显，这在过去是不可想象的。概言之，加强中央集权，促使整个国家机器走向制度化、正规化、集权化，本来是现代国家建造的题中应有之义，清末新政的初衷和方向并没有错。问题在于清廷在弱化督抚权力的同时，并未真正实现中央集权的目标，只是导致亲贵专权，内斗加剧，政出多门，实际上无力掌控从督抚手中收回的权力。论者谓之内外皆轻，可谓击中要害。更有甚者，作为新政核心的政治体制改革和权力重新分配议题，在满汉分裂的背景下遭到扭曲，成为满人亲贵与汉人精英之间的一场零和游戏。满人将仿行宪政和组建责任内阁等同于削弱皇权和亲贵特权，热心立宪的汉人精英则把速开国会当作限制皇族垄断和滥用权力的最有力手段。1911年4月，在各地次第发起的请愿和强大舆论压力下，责任内阁最终成立，13名大臣中汉人仅占四席。10 月，武昌首义爆发。由立宪派所主导的各省咨议局以及部分巡抚早已对朝廷失望。清朝最终在各省宣告独立的声浪中寿终正寝，便在情理之中。

有清一代，中国经历了从国家形成到国家转型的过程。国家形成始自清朝入关，控制内地各省，终至 18 世纪中叶完成疆域整合。19 世纪 40 年代以后，晚清中国开启了从早期近代疆域国家向近代主权国家转型的过程。此一过程曲折多艰，国家主权和领土完整受到一定程度的侵害。然而，相较于绝大多数非西方国家沦为列强殖民地的遭遇，相较于世界近代史上所有其他帝国在衰亡过程中走向四分五裂的命运，晚清中国大体上维持住了 18 世纪中叶以来即已定型的疆域格局。这是近代以来中国的国家转型最为醒目之处。下面从三个方面总结晚清中国转型的路径及其成败。

1. 晚清中国何以"落后"

1840 年以后的中国，相较于欧洲列强，相较于明治维新后的日本，在经济、技术、政治组织和军事实力方面，无疑显得落后。如前所述，以往对晚清中国"落后挨打"的解释，往往只注重 19 世纪内外两方面因素，即晚清政权的闭关自守和腐败无能，与外国列强的侵略和掠夺。本文已证明，除了这些最直接的原因之外，19世纪中国落后的根源，乃在于18世纪业已形成的三重均衡陷阱。正是这一陷阱，使清代中国失去在经济技术、政治组织和军事能力方面不断提升的动力。这三重陷阱一环扣一环。首先是地缘政治格局的均衡态，即17世纪中叶清朝统治下的中国，已经从一个以汉人农耕社会为主体的国家转型为一个囊括长城内外游猎和农耕两大地带的国家，造成了游猎社会的征战能力与农耕社会的财政能力的优化组合。这种组合使清朝能够在同等军事技术条件下，凭借巨大财力，战胜所有对手。但是在18世纪中叶消灭准噶尔部以后，由于不再存在来自周边的直接威胁，清朝政权也失去扩充和提升其军事能力的动力，结果是其装备更新的长期停滞和战斗能力的逐渐萎缩。

其次是财政构造的均衡态。国内和周边的长期安宁以及相对稳定的军事和行政开支，导致清朝国库收入与支出的大体稳定，收略大于支，且有足够的盈余应对国用常项之外的开销。但这种在传统农业经济基础上形成的以田赋为最主要来源的财政均衡态，带来两个严重后果。其一是财政上对田赋的依赖导致统治者把稳定农业放在其经济政策的首位，为此贬抑工商、限制外贸；而缺乏制造业和内外贸易的刺激，中国的科学技术不可能有突破和推广的条件，中国的经济也无从发生工业革命。这跟同时代欧洲各国为寻求财政扩张而力行重商主义，最终导致制造业扩张与工业革命南辕北辙。其二是这种财政构造缺乏足够的弹性和扩张能力。一旦支撑农业人口纳税能力的前提条件，即适度的人口与耕地比率及稳定的银钱比率发生变动，或者一旦出现严重的外患或内乱，导致军费剧增，便会出现供应不足或需求过量，而财政失衡反过来又会削弱国家应对危机的能力。

最后是权力结构和政治认同的均衡态。地缘均衡态的形成，使清朝政权有可能通过施行以轻徭薄赋为核心的"仁政"，辅之以压制与笼络两手对付汉人精英，成功地处理本来十分棘手的满汉关系。与此同时，财政均衡态的形成，也使清朝政权有可能通过实施"零汲取"（中央无须边疆上缴地方税款）的策略，成功地处理同样棘手的中央与边疆之间的关系。因此，在清朝的内地和边疆皆呈现历史上少有的长期稳定、安宁状态。但这种政治均衡态也会产生巨大惯性，使清廷内外的统治精英均对其治理体制和意识形态的合理性、有效性确信无疑，把任何不同于大清体制的思想、制度乃至器物视为异端，动辄以"夷夏大防"为由加以贬斥，使任何从内部展开的制度改革和创新举措变得异常艰难。

所有这些，均与同时代欧洲在列国竞争的环境中所形成的地缘、财政、政治认同的高度不均衡形成鲜明对比。相较于欧洲各国在启蒙主义、重商主义和民族主义的激荡下科学技术日新月异、产业革命蓬勃发展、民族建国浪潮汹涌澎湃，18世纪后期和19世纪前期的中国显得悄无声息。当19世纪40年代中西方终于发生碰撞时，双方力量对比，高下立见。晚清政权在应对外来危机方面因循守旧、颟顸无能的表现，只是落后挨打的表层原因。18世纪后期日益严重的人口压力所带来的农业内卷化，以及中国由于缺乏西欧国家为摆脱内卷化所需要的能源和原材料资源而形成的大分流，也仅仅能解释19世纪的中国在经济上落后于西方的部分原因。晚清中国全面落后于西方的根本原因，在18世纪50年代已露端倪，即18世纪50年代以后牢固存在近一个世纪的三重均衡陷阱。

2. 大国的优势与劣势

清代中国之大，不仅在于其疆域之辽阔，更为重要的是其人口之众及经济规模之巨，为国家提供了充沛的财源。不过，清朝的国库岁入，与其他国家相比固然是一个庞大的数目，但在国内生产总值中所占的比重却始终维持在一个极低的水平。以较少的投入维系着一个庞大的国家机器，从而有可能使清朝在内地实行低汲取、在边疆实行零汲取的治理政策，这是清朝作为一个大国最为突出的优势。

1840 年以后，清廷的财政收支一度严重失衡。为了应对外患、平息内乱，晚清政权不得不在田赋之外开辟新的财源。短短几十年间，国库岁入从鸦片战争前的 4000 万两剧升至 1880 年前后的 8000 万两，再进一步膨胀至清朝末年的近 3 亿两。所有这些，都是在传统农业依然主导中国经济、现代工商发展极为有限的情况下发生的。凭借新的财源，晚清政权不仅有能力支付所有战争赔款，避免沦为列强殖民地的命运，而且有能力从事大规模国防近代化建设，有能力用兵边陲、收复新疆，确保清朝自 18 世纪 50 年代鼎盛时期以来所形成的疆域格局的基本完整，避免了所有其他帝国在衰落之时走向解体的宿命。大国优势在此过程中再次彰显出来。

但晚清中国作为一个大国，其劣势也是明显的。清朝国家的治理能力，在周边环境相对安宁、国内人口规模比较适度的条件下固然没有问题；但是，一旦出现外来挑战与内部动乱交相侵袭的局面，这种权力高度集中、相对于其人口来说规模较小的治理体系，在应对其辽阔疆域上所出现的内外危机时，就会显得捉襟见肘。其自然而然的应对方式，便是把中央的部分权力和责任下移到地方，由各省督抚开拓、掌控新的资源，这便是本文所谓的区域化集中主义的肇端。这种新型的权力再分配格局的运作，在 1860 年至 1880 年收到预期效果。以中国经济规模之大，只要给区域掌权者以适当的动力和刺激，确可动员足够的资源，使当局克服国内外危机。一度岌岌可危的大清王朝，居然出现了意想不到的"中兴"局面。"中兴"只是表征，背后的支撑则是此一阶段再度形成的地缘、财政和政治三重均衡态。然而，这种均衡态是暂时的、有条件的。它在维持"中兴"表象的同时，也使晚清政权失去朝着现代国家的方向进一步转型的动力：一旦内忧外患得以暂时解除，财政构造的集中化和科层制，军事能力的更新换代，以及行政控制和协调能力的强化，便不再构成主政者的首要关切。挽救晚清政权的区域化集中主义，遂成其再度陷入停滞和被动挨打局面的又一陷阱。甲午以后新一轮地缘、财政和政治三重不均衡态的出现，逼使清廷把国家的现代转型提上日程；完成这一转型需要数倍于以往的财政投入，同时也需要朝廷上下、内外臣工打造前所未有的共识。不幸的是，清末上层统治集团解决财政和认同危机的努力，仅仅加剧了满汉精英之间的分裂和晚清政权在权力结构和认同层面的失衡，加速了清政权的覆亡。作为一个大国，晚清中国的现代转型，注定是一个漫长而多艰的过程。

3. 晚清中国转型的成与败

晚清中国在转型过程中写下很多失败的记录。鸦片战争以后一系列中外不平等条约的签订，不仅给清廷带来支付战争赔款的巨额负担，而且导致中国的领土完整受到严重侵害。虽然直至其覆没之际，清朝依然能够维持由内地十八省与东北、蒙古、新疆、青海和西藏等边疆所构成的疆域格局的大体完整，但1840年以后被迫先后割让了香港、台湾、澎湖列岛、黑龙江以北和乌苏里江以东大片地区以及西北边境部分地区。与此同时，外国租界在部分口岸城市的设立，订约各国在华领事裁判权及在华投资、经商、传教等各项特权，以及进口商品的固定税率等，所有这些都对中国的国家主权造成严重损害。

晚清政权的最大失败发生在 20 世纪初新政时期。作为新政核心内容的国家体制的重建,最终演变成满汉政治精英之间重新分配权力的一场角逐。满汉关系本来一直是清王朝的阿喀琉斯之踵,慈禧太后执政期间一直避免触碰,竭力维持其微妙平衡。但 1908 年慈禧太后去世后,满汉关系急剧失衡,最终导致汉人朝野精英放弃对清廷的忠诚。这种源自太平天国时期汉人精英集团的有条件忠诚,曾对晚清政权的起死回生起过关键作用,又在 1900 年后成为颠覆清王朝的最强大杠杆。尤有进者,新政期间财政构造的严重失衡,导致清廷偏离 200 多年来在边疆地区实现的零汲取和听其自主的传统制度,在蒙古地区推行改旗设省、拓垦牧区、终止对蒙旗王公的财政支持且要求其报效朝廷等政策,导致外藩蒙古上层精英离心离德。外藩蒙古的独立最终在 1945 年通过公投,获得中华民国政府的承认。

但晚清中国的历史并非只有失败。恰恰相反,相较于绝大多数非西方国家在西方殖民主义浪潮的冲击下纷纷沦亡的厄运,19 世纪的中国算是较为成功的。晚清的成功,集中体现在如下两个方面。其一,晚清政权自 1840 年起经受了历时 20 多年的外患内忧反复冲击之后，透过区域化集中主义机制，借助大国红利，再次构造了地缘格局、财政构造和政治认同的均衡态，不仅从危难之中挽救了自身的统治地位，而且避免了疆域四分五裂和沦为殖民地的命运。所谓"同光中兴"，并非统治者聊以自慰的虚骄之言，而是体现在实实在在的业绩上。其中最值得称道者，莫过于在左宗棠主持下新疆的收复和建省，这对奠定现代中国疆域的贡献，不下于 18 世纪前半期平定准噶尔部的用兵行动。而如果没有近代化的军事能力和雄厚的财政资源作为支撑，这是难以做到的，也是不可想象的。更不用说这一时期先进科学技术的大规模输入和人才的培养，为日后中国各个领域走向近代构筑了必要的条件。其二，在整个 18 世纪、19 世纪，清朝政权依托内地各省的充沛财力，在以赏赐、庇护、册封乃至通婚等手段对边疆上层精英加以笼络的同时，在东北、蒙古、新疆和西藏等地区的治理方面，一直实行听其自主、分而治之和零汲取甚至倒贴的财政政策，成功维系了边疆上层精英对朝廷的向心力，避免了这些地方的失控和分离。较之近现代世界史上各帝国在走向衰落的过程中，边疆和外围地带纷纷脱离，最终疆域毫无例外地缩回到本土——所谓从"帝国"到

"民族国家"的过程，清朝在 18 世纪中叶完成疆域整合之后一直维持其总体格局的能力，无疑是令人瞩目的。

总之，如果我们以疆域、人口、主权及政权这四个要素来界定一个现代国家，那么就疆域和人口而言，晚清中国总体上取得成功，维持住其疆域格局和人口族群构成的基本形态，实现了从清朝到民国"五族共和"的平稳过渡。就主权而言，晚清政权在向近代主权国家转型并维持本国主权方面，丢失部分领土和主权，大体上可以说成败参半。就政权而言，晚清政权在重塑自身合法性和维持其统治地位方面，最终归于失败。总体来说，晚清中国国家转型的任务完成了一半。剩下的一半留到 1912 年中华民国肇建之后，其中恢复国家主权的完整，至第二次世界大战结束已经基本完成；外国在华租界、在华领事裁判权和固定关税等特权，至此已经全部取消。政权建设经过数十年奋斗在 1949 年取得突破，为此后的经济和社会发展铺平了道路。

注释

1. 数据来源：Charles Tilly,*Coercion,Capital,and European States,AD 990-1992*,Malden:Blackwell,1990,pp.42-46.

2. 岁入，指国家、单位等一年财政收入的总数。

3. 岁出，指国家、单位等一年财政支出的总和。

4. 田赋，中国旧时政府对土地征收的税。

5. 数据来源：史志宏《清代户部银库收支和库存统计》，福建人民出版社 2008 年版，第 104 页；倪玉平《从国家财政到财政国家——清朝咸同年间的财政与社会》，科学出版社 2017 年版，第 50—51 页。

6. 数据来源：李怀印《全球视野下清朝国家的形成及性质问题——以地缘战略和财政构造为中心》，《历史研究》2019 年第 2 期。

7. 清朝时，蒙古各王公首领及回部伯克、四川土司、蒙藏喇嘛等，各按人数多寡编定若干班次，每年各一班于年节时轮流入京朝觐，称为"年班"。

8. 贡赋，中国古代的税收方式，是土贡与军赋的合称。

9. 数据来源：Huaiyin Li,*The Making of the Modern Chinese State,1600-1950*,London:Routledge,pp.65-66.

10. 数据来源：史志宏：《清代户部银库收支和库存统计》，福建人民出版社 2008 年版，第 104 页。

11. "同光中兴"指 1864—1894 年间，清政府国内基本安定、洋务运动蓬勃发展时期。又被称为封建社会的最后一次回光返照。

12. 厘金，从清朝晚期至中华民国 20 世纪 30 年代征收的一种地方商业税，因初定税率为 1%，为一厘，故名厘金，又称厘捐、厘金税。

13. 穆罕默德·雅霍甫（Mohammad Yaqub Beg，1820—1877），汉名阿古柏，被称为"中亚屠夫"。1865—1877 年率军入侵中国新疆，后被清朝陕甘总督左宗棠击败。史称阿古柏之乱。

14. 数据来源：史志宏、徐毅《晚清财政：1851~1894》，上海财经大学出版社 2008 年版，第 123 页。

15. 数据来源：Huaiyin Li,*The Making of the Modern Chinese State,1600–1950*,London:Routledge,p.91.

16. "东南互保"，指为防止义和团运动向南扩展，1900 年 6 月，东南督抚与各国驻沪领事商定《东南保护约款》和《保护上海城厢内外章程》，规定上海租界归各国共同保护，长江及苏杭内地均归各省督抚保护。

17. 庚申之变，1860 年英法联军占领北京并火烧圆明园，清朝王室出逃。

18. 数据来源：Huaiyin Li,*The Making of the Modern Chinese State,1600–1950*,London:Routledge,pp.91–92.

19. 数据来源：Huaiyin Li,*The Making of the Modern Chinese State,1600–1950*,London:Routledge,pp.91–92.

20. 数据来源：王玉茹、燕红忠《世界市场价格变动与近代中国产业结构模式研究》，人民出版社 2007 年版，第 272—273 页。

21. 数据来源：刘瑞中《十八世纪中国人均国民收入估计及其与英国的比较》，《中国经济史研究》1987 年第 3 期；John K.Fairbank and Kwang-ching Liu,eds.,"The Cambridge History of China" vol.11(Cambridge:Cambridge University Press,1980),2；周志初《晚清财政经济研究》，齐鲁书社

2002 年版，第 259 页。

22. 数据来源：Huaiyin Li, *The Making of the Modern Chinese State,1600–1950*, London:Routledge,pp.138.

23. 数据来源：梁启超《中国改革财政私案》，《梁启超全集》第 1 集，北京出版社 1999 年版，第 597 页。

24. 数据来源：Huaiyin Li, *The Making of the Modern Chinese State,1600–1950*, London:Routledge,p.91–92.

25. 张謇：《送十六省议员诣阙上书序》，《张謇全集》第 1 卷，江苏古籍出版社 1994 年版，第 128 —129 页。

鸦片战争、公行制度与工业革命

韩毓海

我们想起了，当世界其他一切地方好像静止的时候，中国和桌子开始跳起舞来，以激励别人。

——卡尔·马克思

无论马克思主义还是现代化论，在德国社会学家马克斯·韦伯（Max Weber，1864—1920）、美国历史学家费正清（John King Fairbank，1907—1991）之后的解释视野里，鸦片战争是中国乃至亚洲从"传统""封闭"（帝国、儒教、宗法、闭关自守、自给自足）走向"现代""开放"的历史转折点。而在这里，扮演"历史核心动力"的就是"工业革命"——英国正是通过"工业革命"焕发出巨大的"生产力"，造成了（世界）市场的扩大。因此，鸦片战争对于中国的"正面价值"，就应该这样被理解：古老的、传统的生产方式被抛弃，中国的"资本主义萌芽"被唤醒，原有的生产关系以"工业革命"（即先进生产力）的方式被重新组织起来。总之，英国的"胜利"是由于它"代表先进生产力"，而鸦片战争则迫使中国也走上了发展"先进生产力"的道路——于是，这么说来，鸦片战争倒是使得中国与世界"因祸得福"了。

　　而种种迹象却表明，这一解释框架的适用范围实在有限，其留下的疑点又着实太多。例如：中国是被（英国的）"工业革命"打败的吗？鸦片战争前，英国唯一可以与中国抗衡的"商品"，实际上不是任何一种工业产品，而首先是白银。白银当然在任何意义上都不能说是工业革命的产品，因为它来自对美洲的西班牙殖民地的掠夺。其次，长期以来（1804—1840）英国可以向中国出口，用以平衡庞大的中英贸易的另一种产品，同样也不是工业革命的产品，而且那甚至也不是英国的产品，因为那是印度殖民地的产品：棉花——随后就是鸦片。最后，如果有什么看得见的英国工业产品在"打败中国"方面起了作用，那无非就是英国的"大炮"而已。因此我们不妨说，代表英国工业革命最高成就的，不是任何先进文明或者先进生产力，而是野蛮的军事暴力。

也许还要附带说明一下另外的一点——因为这在今天也还是必要的——"中国的工业革命"，其实是在20世纪50年代以后的20年中，在毛泽东的率领下完成的。英国的"大炮"甚至并没有推动世界工业化的进程、促进中国"先进生产力"的发展。恰恰相反，帝国主义的侵略瓦解了中国经济的基础。因此，诸如"鸦片战争向中国输入了工业文明和工业革命"的说法，越来越引起怀疑、反思和不满，乃是理所当然的。

因此，我认为，另外一种与此完全不同的解释显然更接近真实：世界资本主义体系是一个从 1500 年开始形成、扩展的体系，截至 19 世纪初期（以鸦片战争为重要界限），这一体系的核心其实是在亚洲。而这同时又意味着需要强调两点：第一，英国工业革命的基础和代价是印度，特别是"作为新外围的美洲"的殖民地经济和资源替代。第二，也是尤其重要的：维持当时世界货币（白银）体系稳定的，是庞大的中国经济和贸易造成的货币需求。而白银的这种稳定乃至增值的趋势，则是英国资本积累和进行工业革命的资本前提。

实际上，长期以来，一个很少被问及的问题是：漫长的 17 世纪以降，随着美洲白银的大量开采，随着白银源源不断的供给，在世界金融市场上，为什么没有出现通货膨胀？为什么银圆这个"象形文字"、这个"幽灵"没有出现必然的贬值，而"永葆青春姿色"？在许多答案中，最重要的一个就是：大清帝国几乎无止境的白银需求。正是大清庞大的经济和不断增长的对西方的贸易，维持着白银的价格稳定，阻挡了白银贬值造成的通货膨胀，以及这种膨胀对于世界经济的打击。

　　而决定性的变化，却在 1830 年前后发生。那时，随着印籍英国港脚商人 [1] 大量参与对华贸易，他们发现，如下商品在中国有利可图——主要是棉布、棉花和鸦片，从而便以放贷的方式，驱使广州行商从事此项贸易。此举产生的结果首先是：原来已经明显过高的白银价格和利息率（约 20 %）被投机生意进一步抬高。而当事实证明，棉花是中国可以生产的，并且随着中国棉花通过内河便利大规模被运进广州，这项投机的失败就显形了。而当清政府开始严厉查禁鸦片之后，投机生意的失败就注定了。从而，港脚商人的高利贷变成行商的呆坏账——所谓"商欠"，也就是必然的了。

　　英国发动鸦片战争的理由是：维护鸦片贩子的利益，以及通过武力讨要因投机失败所造成公行之"商欠"。众所周知，如果说前者在道义上不是理由，那么后者即使在商业上也更加不成理由。因为从历史上看，清朝政府每一次对待"商欠"的办法，都是由公行例银分摊，乃至国家动用白银储备周转赔偿，以照顾外商的利益。大清这么做，既是出自"怀柔 [2]"的传统，而客观上起到的却更是维护贸易和维护白银价值的作用。但是这一次，鸦片战争却使得这一切全都突然改变了：帝国主义侵略战争瓦解了中国的市场和经济结构，这就从根本上瓦解了中国经济消化、吸收白银的能力，而由此开始的中国的大规模赔款，造成中国白银大量外流，流向国际货币市场。

随着鸦片战争的爆发，世界经济贸易体系之稳定情况到此不得不急转直下了。因为当中国丧失巨大的白银需求之后，防止世界货币市场通货膨胀最后的办法消失了。世界货币市场上白银的价格应声而跌。有记载说，自 1875 年起，银价已是如此之低，以至于不断接近它的铸币价格，最后在 1878 年达到了这个水平。鸦片战争之后 20 年，世界货币市场上的通货膨胀已经达到了这样的程度——白银已经不能继续担当世界主要货币的角色。世界经济贸易体系由危机走向崩溃：因为这个体系的运转，一开始就是依靠美洲银圆几乎源源不断的供给，依靠中国看似源源不断的白银需求来平衡着的——但现在这个条件不具备了。

因此，从根本上说，鸦片战争标志着世界体系扩展的一个周期的终结。而在这个意义上，我们可以说，不是工业革命，甚至不是简单的鸦片贸易，而是一场导源于小型金融危机的野蛮战争，最终摧毁了当时的世界经济贸易体系。而如果清朝经常被贬损地称为一个"顽固堡垒"，那它其实就是守护这个体系安全的最后一个堡垒。

世界体系这一周期的变迁使得我们认识到如下问题：

一、我们不能简单地说，支配这一周期性运动的唯一动力，是生产力或者新技术革命，比如英国工业革命。因为在此周期中，工业革命及其产品所扮演的角色不但非常小，甚至可以说微不足道（即使经历了工业革命的英国，国内产值也比当时世界上最大的中国要小得多），而且事实恐怕恰恰相反：是美洲资源和印度殖民地经济为英国工业革命提供了基础，而中国庞大的白银需求则平衡了世界货币和贸易体系。从这种贸易中，英国获得的利益远不仅仅是茶叶，还有工业革命必需的资本。因此实际上，我们应该说，这个世界体系是英国工业革命的"基础"，而不能反过来说，所谓"先进生产力"（英国工业革命）是决定这个世界经济的基础。

二、历史证明，如果所谓工业革命及其生产力要想支配世界经济，那它就必须成为一个霸权。进一步说，它就必须粉碎、废除原有的世界体系，并且按照自己的意志将其踩在脚下、彻底改造它。而要做到这一点，单靠"经济"和"生产力"当然是远远不够的。这就是为什么，要成为霸权，首先就必须破坏，即破坏原有的世界经济体系；而这又几乎无一例外地需要两只拳头：第一只拳头乃是通过制造金融危机，摧毁原有的国际货币流通体系；第二只拳头就是通过战争，迫使世界承认自己制定的规则——而这两只拳头上写的统统都是"霸权政治"，而不是"经济"。

由于长期以来，马克思的学说竟然被改造为庸俗的"经济决定论"和"唯生产力论"，更由于康德拉捷夫周期[3]也好像总是向我们显示，每一次世界经济的周期性，都是由新的技术和生产力出现所支配的，例如19世纪是蒸汽机、铁路、钢和化学，而20世纪则是汽车、电子信息产业等。因此，在观察历史时，人们当然总是会问：中国为什么没有发生工业革命？而在描述现实时，人们也总是会欢呼：中国和亚洲（特别是印度）已经赶上了（信息技术革命的浪潮）！——这当然不是没有道理的。但是，这不意味着我们不必去区别和质疑：发生或者没有发生工业革命、技术革命是一回事，迫使全世界接受它则是另外一回事，而以粉碎世界经济贸易体系、瓦解世界货币体系为代价（最广义上的马克思所谓的"危机"），来确立一种生产方式、一种技术标准的霸权，则是完全不同的两回事。

因为，正如美国经济学家米尔顿·弗里德曼（Milton Friedman，1912—2006）所说的那样，如果没有一个隐蔽的拳头，市场这只隐蔽的手永远也不会奏效。这也就是说：为新的技术和生产标准扫清道路的，不是市场这只"看不见的手"，更不是伪装成"先进生产力"的新技术、生产标准自身，而是掌握货币资本和军事霸权的能力。正如世界体系理论的代表人物乔万尼·阿瑞吉（Giovanni Arrighi，1937—2009）所指出的，世界体系的周期性，一般地表现为新的世界军事霸权的兴起和世界金融制度的调整，而并非简单的生产力和技术革命——而自 1840 年以降，后者则意味着银本位制度[4]的逐步废除，英国主导的金本位制度[5]的最终确立。

在下面的论述中，本文从两个方面来再次解释一个被重复了无数次的老问题：我们究竟应该如何去理解以 1840 年为标志的所谓中国的"失败"和英国的"胜利"？而重新解释这一历史，对于今天理解"亚洲形象的构成"究竟有什么意义？

一、究竟哪一个走进了"死胡同"：英国还是中国？

彭慕兰在其创造性的著作《大分流：欧洲、中国及现代世界经济的发展》中，将 18 世纪后期的英国工业革命视为摆脱了土地和人口制约的"现代世界经济"，与"旧大陆"以"劳动密集型为基础的持续发展道路"（或曰：
"使用现有技术的土地容纳能力相比稠密的人口"）之间发
生根本性"断裂"的标志。他在这个意义上指出，与英国
通过工业革命找到的康庄大道相反，"旧大陆"（也就是所
谓"亚洲"）特别是中国等最"'充分定居'和经济最发
达地区，看起来都在向一种共同的'原始工业'的死胡同
发展"。这意味着"亚洲"代表一种没有前途的、不足为
法的发展道路，即"亚洲"因为其人口密集、充分定居和
资源有限，就等于一条拥挤狭窄的"死胡同"。

　　实际上，如果从中国经济—人口史的角度，结合黄宗
智关于 18 世纪后期中国社会土地收益的"边际递减"效
应的分析，史学家何炳棣（1917 — 2012）关于明清以降，
尤其是康乾盛世中国人口迅速膨胀（由 5000 万增长到 2
亿）的结论，我们会进一步加强对于彭慕兰论断的认同：
看起来中国的确是走进了"死胡同"——更何况，与英国
和西方世界霸权自鸦片战争以来统治世界近两个世纪这个
令当代人印象深刻的事实相比，即使当代中国以如此面积
狭小的耕地，充分解决了世界近 1/3 人口的吃饭、定居问
题，也的确显得微不足道，看起来至今不过依然还是在
"死胡同"里摸索而已。

但是，回首并不遥远的历史，我们惊讶地发现，当年英国工业革命的先驱者们（特别是东印度公司的贸易商们）却没有今天彭慕兰这样的先见之明。他们最为经常、痛切地认识到的，恐怕是恰恰相反的事实：正是工业革命使得他们的生意进入了"死胡同"。比如说曼彻斯特的呢绒，甚至不能换来可以降低食欲，以应对食物困境的茶叶！

一个有趣的例子告诉我们，迟至17世纪的最后一年1699年，也就是彭慕兰所谓英国通过工业革命摆脱土地和人口制约、完成"现代经济创生"的标志时代，属于新英国公司的"麦克莱斯菲尔德"号装载了26611磅⁶现银和5475磅货物（主要是呢绒）到广州贸易，但是，其中1/4的货物没有卖出去。而这在当时已经是很不错的成绩了，因为一般的情况往往是"什么也没卖出去"。这件事不过是不胜枚举的例子中最不起眼的一个。而根据美国1917年发表的统计材料，"据估计，1820年广州销售英国产品的净亏损额在前23年中共达1688103磅。而且，英国货也是中国商人亏损的一个根源，他们只是因为公司坚持作为购买茶叶的条件才肯接受这些货物。中国行商所以和美国人那样友好，主要就是西班牙、墨西哥和南美洲的银圆在他们的进口货中占极大的比重"。

而这之后一个时期的情况，来自美国人的材料明确地透露出如下丰富的信息：一、造成英国商人长期的、高额的贸易净亏损的，正是英国工业革命的产品。二、这种净亏损，恰恰是由市场决定的，而与任何贸易垄断没有关系，更与所谓公行的垄断没有任何关系。事实上恰恰相反，正因为英国商品在市场上根本就无人问津，英商才不得不将"麻烦"转嫁到其中国贸易伙伴（行商）头上。即把代销英国产品当作向后者购买茶叶的前提和条件。而这种一开始就附加了如此苛刻条件的贸易，使得行商背上了沉重的负担，它也是广州行商经常发生亏损的根源。也就是说，中国商人将英国货（而不仅仅是英商）视为"麻烦"的根源，其实完全是对于市场"信号"的正确反应，而不是由于中国商人的保守、自大或者垄断。三、美国人以后来者的姿态，幸灾乐祸地注视着英国呢绒在国际贸易市场上不受欢迎的悲剧处境，这还不仅仅是因为他们手里掌握着更多的在对华贸易上战胜英国人的法宝——美洲的银圆，还因为他们对于工业革命成就的一种一般性的评价：如果英国工业革命反映在贸易和生意上的成就竟然是如此的不堪，那么大概任何人都会怀疑这场"革命"的前途、命运究竟会是如何了（这对于美国随后走上一条与英国完全不同的、不完全依赖自由贸易和工业产品的发展道路具有重要意义）。

当然，至于工业革命是不是使得英国走进了"死胡同"，除了当时的各种贸易记录、商人日记之外，我们还必须调查更为广泛的材料，而不仅仅是听从当时贵族、企业家和英国经济学家亚当·斯密（Adam Smith，1723 — 1790）的门徒们的宣传。也就是说，在这个问题上，即使不必听信马克思的一面之词，恐怕多少也得照顾到另外一些历史学家对当时一般英国民众的具体感受的描写——而这一感受，用费正清的话来说，大概就是两手空空、被驱赶到工厂去的英国民众的生活，比叛乱（太平天国运动）前一般中国民众的生活，实际上要糟。

毫无疑问，斯图亚特王朝⁷时代的英国面临着人口压力增加，土地收益减少，资源环境恶化等问题，但具有煤炭储量丰富等现实条件（正如彭慕兰所指出的，这些条件都与中国相似），也正是多种条件加在一起，才促成了英国的工业革命。但是，在这些条件之外，我们当然还是要加上斯图亚特王朝和各路诸侯贵族的横征暴敛，毕竟这是造成英国农业瓦解的重要原因；当然，用彭慕兰的话来说就是，没有农业产出不足的不断恶化，这些"剩余劳动力"中的很多人，事实上不能转移到工厂去。（但问题仅仅是"这种'农业产出不足的不断恶化'，在多大程度上是自然条件的结果，又在多大程度上是刻意的政治安排？"）还有贵族围猎的"奢侈"传统，在多大程度上造成了大量的耕地以这种方式被"节约"下来，同样也是一个不容忽视的因素。

换句话说，如果这种"大分流"不仅仅是"工业的持续发展"突破了"生态制约"的革命，在某种程度上还是一种格外专制的霸权政治所造成的"刻意结果"的话，那么，我的问题就是：如果以自然生态制约为说辞，忽视"保护少数人的利益最大化却不惜将千百万人投入苦海的政治"所造成的影响，而认为此举恰恰"被历史证明"是开辟了人类历史的康庄大道，在这样的逻辑之中，人类的政治史是不是就太黑暗了呢？

因为，说到发展的道路，并不意味着将一切都交给自然和生态去选择即可（这其实如同将一切交给"看不见的手"——市场没有什么不同），因为 17 世纪、18 世纪的政治并非完全无所作为，或者只有斯图亚特王朝那一条康庄大道可走。实际上，面对可能更为严酷的人口和土地问题，清朝的选择就与英国非常不同，而且，这里的区别恰恰不能说明英国政治在应对资源制约方面是唯一积极的，而清朝则是消极的。相反，有充分的材料证明，从康熙、雍正延续到乾隆长达一百多年的清代的政治改革，含有比英国更多的积极应对这种困境的政治用意。

当然，这种比较的目的（旨在批驳那种认为清王朝一向保守僵化、拒绝改革的历史宣传）绝非美化清王朝的统治为"善治"，只是为了强调：清朝实际上是中国历史上颇为锐意改革的朝代之一，当我们评价这些改革的时候，绝对不能简单地断言（起码在应对资源限制方面）英国与中国究竟哪一个走上了唯一的康庄大道，哪一个则必然地走进了"死胡同"。

康乾盛世创造了超越中国历史上任何朝代经济繁荣的物质奇迹，从而将中国打造为当时世界上最大的经济体。而且，这一奇迹并不是出现在中国生态条件比较宽松的其他朝代，而恰恰是出现在人口剧烈膨胀的时代。清代从 1700 年早期到 1800 年持续进行的不懈改革充分表明：解决人地矛盾、收益递减[8]问题的改革，为政治改革所留下的空间实际上是很大的。（实际上，并没有充分的数据证明这种收益递减是必然的，特别是，随着所谓"原始工业"的发展，当时农村人口广泛的多种经营和市场分工形成了一定的收益，将这些收益算进来时，收入经常是增加的。）而这也就是在市场、亚当·斯密的市场经济理论和生态，英国政治经济学家托马斯·马尔萨斯（Thomas Robert Malthus，1766—1834）的自然资源稀缺论之外，我们必须考虑政治因素的原因。

虽然在这里无法展开对于一直延续到清代中期的政治改革的描述，但康乾盛世在很大程度上是由于清朝统治者实行了与历代王朝完全不同的政治经济政策，这一点是可以肯定的。而且还必须注意到，面对剧烈增长的人口压力，清朝统治者所采取的改革措施，是将包括顾炎武（1613—1682）、黄宗羲（1610—1695）、戴震（1724—1777）等代表反叛思想在内的华夏政治革命传统——特别是在土地制度、乡约制度方面的革命内容，成功地加以转化利用的结果，因此，这些政治举措就包含了更为强烈的社会共识，乃至下层的诉求。例如：康熙八年（1669年）下令停止圈地，并要求当年所圈旗地全部归还汉民（贵族皇庄"圈地"，曾经是明代极其严重的问题）。康熙、乾隆时代，朝廷下令严禁满汉地主"增租夺佃"，以至乾隆时代，有些长工和雇主"共坐共食""平等相称""无主仆之分"，并"不利文契"（这也曾经是市场和货币经济最发达的宋代始终没有解决的问题）。康熙五十一年（1712 年），更宣布以康熙五十年（1711 年）全国丁银额为准，"盛世滋丁永不加赋"，并最终达到了乡村的基本自治，而这些因素都促成了所谓"康乾盛世"。

表 1　中国与欧美各国海上出口贸易值统计

1764—1833 年每年平均数			单位：银两
年度	进出口总值	进口	出口	出（＋）入（－）货值
1764	5545847	1908704	3637143	（＋）1728439
1765—1769	5952724	1774815	4177909	（＋）2403094
1770—1774	6451012	2094336	4362676	（＋）2268340
1775—1779	6721893	1995913	4725980	（＋）2730067
1780—1784	7002880	1994617	5008263	（＋）3013646
1785—1789	12944247	4489527	8454720	（＋）3965193
1790—1794	13243083	5894663	7348420	（＋）1453757
1795—1799	12946191	5008937	7937254	（＋）2928317
1800—1804	19129161	8737364	10391797	（＋）1654433
1805—1806	23517162	23348319	11168783	（－）1179536
1807—1812	23517162	23348319	11168783	（－）1179536
1813—1819	22823948	9053208	13770740	（＋）4717532
1820—1824	22630740	7952488	14678252	（＋）6725764
1825—1829	23551422	9161314	14390108	（＋）5228794
1830—1833	22636249	9192608	13443641	（＋）4251033

（资料来源：据严中平等编《中国近代经济史统计资料选辑》第 45 页两表编制，科学出版社 1955 年版）

　　而且，在这些措施中，特别值得指出的是：康熙时代同时规定海关税"正额"仅为白银四万三千两，而直到鸦片战争时并无改变。表1列出了1764—1833年（东印度公司垄断权被废除前70年），广州粤海关对于欧美的贸易值统计，它能使人一目了然地认识到：一、所谓清王朝的"闭关自守""拒绝贸易"这种流行说法，究竟在多大程度上是真实可靠的；二、与海关税的对比表明，中英双方同期的海关税收差距是怎样巨大，而这揭示了真正给贸易和商人加上沉重负担的，究竟是中国当局还是英国当局。

　　而且我们当然还可以从中看到（尽管是抽象的），18—19世纪的亚洲贸易市场是一条怎样人头攒动、川流不息、热闹非凡的商业大道，可惜的是：英国长期找不到进入这条热闹大道的路径。因此，并非这条大道是"死胡同"，而是寻找这条大道的艰苦过程，给英国人留下了陷入迷津和"死胡同"的印象。而这主要是因为他们缺乏进入这个市场的有效商品。

　　我们暂且将这个问题——英国工业革命究竟是应对自然生态、市场困境的结果，还是与某种专制政治暴力有更深切的联系——放在一边，先来看一下被这一结果逼进

"死胡同"的英国商人，究竟是如何从中突围出来的吧。因为，工业革命及其伟大成果（英国商品），如果真的像人们所宣扬的那样，具有改变世界的伟力，那么19世纪后期的英国商人们也就不至于为了呢绒而苦恼，满世界去寻找救星，以至于让美国人看他们的笑话了。感谢上帝，他们找到了救星，而这救星竟然就在那个被称为"世界体系"的东西里面——而这就是为什么说，在漫长的17世纪、18世纪乃至19世纪，英国工业革命对世界经济的贡献其实很少，而世界经济贸易体系却对英国贡献颇多。

当然，英国从世界体系中找到的首先就是白银，或者西班牙银圆。西班牙在美洲开采的银矿的85%流进了中国，英国换回了茶叶和生丝等对英国经济举足轻重的商品。而中国则出现黄金外流，因为在中国，白银而不是黄金扮演着通货的角色。黄金与白银在中国的比价为1∶8，而在英国则是1∶16，这为后来英国主导的金本位制度埋下伏笔——这些自然都不必多说。但是，正如彭慕兰所强调的：白银的开采，与任何技术和生产力的革命都没有关系，因为这完全是欧洲"高压统治"政策的产物。由于欧洲获得并经营银矿，也提醒我们想到高压统治在促进欧洲经济优势中的巨大意义。的确，我们不应该忘记所谓"资本主义海外高压统治和工业化之间看起来更强的联系"。因为它进一步说明，英国的霸权政治，并不仅仅是由其技术、生产力和财富决定的，还因为在漫长的欧洲战争和殖民战争中，其统治日益强化。而这种根深蒂固的武力崇拜，也深刻地体现在启蒙运动以来欧洲关于民族国家、市场竞争和国际法的构想之中。或许事实竟是如此：不是工业革命导致了霸权政治，而是如果没有这种霸权政治传统，工业革命其实是不可想象的。

这就是为什么能将英国拖入困境的不是别的，而是一个与之类似的霸权。1779 年，由于西班牙参加美国独立战争，英国的对华贸易因此彻底陷入困境。由于西班牙的市场被封闭了，因此自 1779 年至 1785 年，没有一块银圆从英国运到中国。随后新的美国政府强制实行纸币制度，更给英国造成了沉重的打击，甚至直接导致罗氏（罗斯柴尔德）银行破产。而恢复装运现银之后，受现银供应不稳定的影响，英国的贸易逆差变得更吓人。而当英国再次发现它还是没有从"死胡同"里突围出来的时候，它想出来对付这个根本难题的办法也不是别的（实际上它也没有别的办法可想），而是印度和孟加拉殖民地的产品——而这恰恰又是一项英国军事暴力和霸权的产物。我想，关于英国在印度的殖民统治，大概也不必再多说了。

　　是英属印度的产品，而不是英国商品打开了中国市场。其中主要的产品，一种是棉花，中国本身也种植棉花（但也许是因为在中国植桑、种水稻比种棉花更有市场效益——这恰恰是因为彭慕兰所说的棉田对于土地资源的过度占用——中国的棉花市场就因此而出现空缺），另一种则是鸦片——这是中国政府禁止的。但无论如何，随着印度产品的加入，天平终于开始反转。从 1804 年以后，东印度公司运往中国的现银就开始大规模减少。而自 1806 年开始到 1809 年，约有 700 万两高成色的纹银块（不是银圆）从广州运往印度。从表 1 中可以清晰地看到，在 70 年的贸易中，中国唯一出现逆差的，恰恰也就是 1805 — 1806 年的这一次。这是一个新的界标——而这里的原因其实就是：印度产品对原有中英贸易的加入。

　　这个新界标意味着，1804 年之后的中英贸易，其实是以一种全新的形式展开的：英国向中国购买茶叶、生丝、黄金，却用印度殖民地输入中国的产品赚来的白银结账，从而东印度公司不必再直接从英国乃至美洲运载银圆。更具体地说就是，印度殖民商人通过东印度公司开具的汇票，将从中国赚来的款子汇到英国老家去，而这就是中国／印度贸易对于英国资本积累的贡献。我们从表1可以看到：从1804年起，广州对于英美（除了美国棉花之外，英国对中国的进口部分，实际上都是由英属印度殖民地完成的）的贸易总值一下子就突破了2300万两白银，此后一直到1833年东印度公司贸易垄断权被废除，这个数字都没有什么大的变化。这就是为什么说，如此规模对于英国资本积累的支持，即使从账面上看也是一目了然的。

显然，18世纪后期以降，英国的经济是建立在如下条件基础上的：美洲大陆的移民空间、奴隶制庄园的农业产出、银矿的开采；印度殖民地农奴制度下的棉花和鸦片生产；中国的茶叶、黄金、生丝——特别是1804年之后中印贸易的货币盈余。而这个时期，也就是彭慕兰所说的以英国工业革命为标志的"世界经济"，与亚洲"死胡同"发生"大分流"的时期。我们当然不能简单地说，所谓英国工业革命其实是这几个大项的产物。然而，如果将这些基本因素都考虑在内的话，我们又怎能说，英国的工业革命，标志着解决人类生态资源困境、人口压力和市场扩张的"现代经济"的创生？我们又怎能说，这种所谓"现代经济"可以彻底摆脱资源和土地的制约而独立存在？

真正使英国处于有利地位的，不是工业革命，在很大程度上，是英国力图武力统治世界的霸权政治。如果没有野蛮的军事暴力支持，没有"高压统治"，所谓"工业革命"会因为"奇技淫巧"（1804年之前，英国可以勉强出口中国的商品，无非是坚硬的呢绒和打簧器，后者大部分依旧陈列在故宫的珍宝馆里供人欣赏）之类的产品找不到市场而胎死腹中。而且，如果没有军事暴力，英国要想让美洲、印度都俯首帖耳，那根本就办不到。所以说，英国指责中国的"朝贡体制"垄断，它代表的也不是自由贸易，而是力图剥削全人类的炮舰资本主义。如果说英国指责"怀柔远仁"虚伪且古老，那么，英国自身也会因为其霸权的赤裸裸，而不可能长久和可持续。

长期以来，与"中国为什么没有产生工业革命"相伴随的，就是对中国为什么缺乏"富国强兵"的霸权思想的质疑。鸦片战争后，近代中国的政治家冯桂芬（1809—1874）等人提出"商战"理念，其中就包含着对中国应该从争夺世界霸权的角度去构筑商业和贸易的呼吁。在他们看来，清朝建立在国家经费有常，不资商权，不贪为宝，无取奇珍，唯推柔远之怀，为便民之举的"王道"理念之上，尽管长期维持着巨大的贸易量，却缺乏通过贸易控制世界的战略视野。

当然，中国没有发展出近代欧洲的霸权思想，不仅仅是由于清朝周边缺乏战略竞争对手导致的军事上的衰落，更是由于中国政治传统，特别是其权力观念与欧洲相差甚大。所谓"仁道"（"王道"和"公道"）与"霸道"的区分，当然过于简单。在这个重要问题上，日本汉学家沟口雄三（1932—2010）在比较中国近代政治思想家戴震的权利观与西方近代权利观时所作的如下分析，或许多少能让我们简明地看到这两种政治思想、权利理论的根本差别。

沟口雄三早期研究中著名的一项，就是通过顾炎武、黄宗羲、戴震与近代欧洲权利理论家的比较，指出1500年以降，中国和欧洲在面对市场压力和资源有限时，所产生的完全不同的政治理念和权利构想。他认为：前者（戴震等人）的思想植根于因资源有限而不得不互相分享与扶助的中国社会，戴震的思想对清代的土地和改革制度、现代中国的社会主义都造成了重要影响，而后者（欧洲的市民社会）尽管同样植根于资源有限的假设，却导致了殖民扩张和圈地运动，将市民社会之外的世界降为"自由经济"的肥料和资源——产生英国政治家托马斯·霍布斯（Thomas Hobbes，1588—1679）、法国18世纪启蒙思想家让－雅克·卢梭（Jean-Jacques Rousseau，1712—1778）、英国民族学家安东尼·D. 史密斯（Anthony D.Smith，1939—2016）等的欧洲市民社会，不仅把欧洲以外的斯拉夫社会和亚洲社会，或者欧洲之内的贱民和下等人排除在外，还将其视为自己之自由领域的"经济"的肥料。与此相对，不可忘却的是，戴震的"仁"，则是在亚洲社会中，将贱民和下等人一起当作有生存之欲的他者，视为生活在同一地平线上的人而平等对待。就这一点来说，它超出了那种市民间的——也仅限于市民间的——"怜悯"与"共感"的规范。孙文、李大钊之所以从共和主义转向社会主义，与这种把底层人民和下等人作为共同分享天下而生存的"人人"，包容在同一地平线上，不是没来由的。如果是这样，那么对于戴震的无个体的"天下一体"性，就应该从其异于欧洲式（东亚社会）的特点给予评价。

在维持现有资源的基础上追求和谐、平均乃至有限的发展，与因为资源的短缺而顺势将世界当成了自己发展的"肥料"从而追求所谓"无限的发展"相比，尽管前者一向被称为"落后的"，后者则被称为"先进的"，但是沟口雄三却并不这么认为。他的理由是非常简单的：在他看来，所谓"资源有限"不但是我们的过去，也是我们的现实，更是我们的未来，因此倘若假定说某种"革命"，如工业革命，可以一劳永逸地解决这一问题，这种假定本身就是一种欺骗，因而是危险的。故他这样说过，无论怎么样，至此所看到的中国式的自然法，它是在现代形态中又包含着未来形态，不，就其从未来来理解现在，又从现在这样一种现在中展望未来，在这个意义上说，现在即是未来，因而，这也是具有变革性的。

而中国从1840年的持续衰败到1949年的崛起，或许印证了沟口雄三的见解。因为使得中国由衰败走向复兴的原因有很多，但是其中最重要的就是：中国维持了从清朝继承下来的人口构成、领土面积，而现代中国，特别是现代中国经济，就是建立在这两个最基本的元素上的。如果放开视野进一步说，现代中国也许是世界上唯一的一个没有通过领土和版图的分裂，度过了近200年世界体系的剧烈调整的"帝国"。这意味着，在漫长的20世纪，中国并没有将"极其落后的"西部、北方和西南的人口和土地，作为"包袱"和"负担"甩掉。而使得这一遗产得以继承下来的，也就是中国政治传统中"大道之行，天下为公"的自然权利观，其中当然也包括清朝前期和中期一系列政治改革的重要遗产。因为只有这一面向"公道"的政治传统，才能不断使得上述有限但也庞大的遗产和资源从内部达到和谐与均等，从而焕发活力。

如果我们能够认识到，中国关于平均、和谐的"大同"政治乐观主义，恰恰是建立在资源和发展必定是有限的这一"深刻的悲观意识"的基础上的话，那么它在哲学上就必然是循环论的。但是，工业革命以来的"现代性"的历史进步观却恰好不是如此。因此我们不妨作一个假定——在"漫长的20世纪"，如果顺着阿瑞吉如所谓"工业与帝国""资本主义与地主阶级的辩证关系"走进了"死胡同"的，看起来更像是英国的话，那么，在这个意义上，是否应该有一个另外视野的"大分流"？它不是进步论、革命论而是循环论的？

而我认为，这或许是彭慕兰创造性的著作所能引发的更为有趣的问题。

二、1840 年之前中国面临金融危机吗？

对"帝国主义侵略是造成清朝衰落的根本原因"轻描淡写的最好办法，就是将这种衰落归之为清朝自身。在这些原因中，除了上述所谓人口、资源的压力无法解决（因为没有发生工业革命，所以也就从根本上无法解决）这一条之外，另外极其重要的一条，就是断言中国在 1840 年之前就已经处于严重的金融危机中。而币制的混乱、官员的腐败和商人的软弱则是导致产生危机的原因，而且同时使得中国必然无法经受这种经济危机——于是无可避免地走向崩溃。

我认为，对于清朝这样经历了近一个世纪高速增长的世界上最庞大的经济体而言，说它不会面对通货膨胀与紧缩的风险是不可能，也是不正常的。但是，也正因为这个经济体的庞大（吸收了国际货币市场一半以上的白银通货），所以无论是通货膨胀还是通货紧缩，也都只能是缓慢的，因而也都是可以控制的。除非发生极其特殊的状况，而且是某些状况凑在一起，才会出现导致其崩溃的金融大危机。

因此，真正导致中国面临金融危机的，不是上述原因中的任何一个，而是某个更特殊的东西。为了能够抓住这个东西，我们就必须尽可能对以上原因逐一加以分析。

首先，清朝的确存在铜／银双币制，而且在与西方贸易之后，西班牙银圆大量流入中国。但是，如果因此说中国币制混乱，政府放松了对于货币的管制，那就错了。中国的货币价值，严格根据其重量和"成色"来度量，而按照政府的严格规定，银、铜、西班牙银圆与英镑的比价是：1 两 = 10 钱 = 1.33（西班牙）圆 = 6 先令 8 便士。这就充分表明管制是严格、准确和细致的。这里一个最简单的理由就是：如果中国的货币管制不是如此准确而是混乱的，那么大规模的广州贸易如何能够进行？

而且，中国政府严格管理币制的一个生动的实例，就是 18 世纪末期，清政府与尼泊尔廓尔喀部落之间，围绕着西藏货币发生的两次战争（分别发生在 1788 年和 1791 年）。这两场战争绝非费正清所谓"毫无意义的炫耀武功"，战争实际上的起因就是廓尔喀为西藏铸造的银币（1 银币 = 白银 1 钱 5 分）大量掺铜，成色严重不纯，导致大清白银外流，西藏通货膨胀。这两次战争的结果是西藏的货币统一了。从这件事情可以看出，清政府不惜以战争的方式来应对西藏货币的贬值，并且于 1791 年动用大量白银为西藏铸币，更表明政府的货币储备是充足的。因此，说清政府货币管理混乱，因而没有应对货币金融危机的能力，是缺乏根据的。而且，从清政府高度重视行商"商欠 [9]"问题，每次都迅速由皇帝亲自处理这一点，也特别能够看出其对于货币流动问题的高度重视。

而腐败问题是最常见，也最难以论述的问题。总体来说，清政府并不依靠商业税收来维持自己，并严厉禁止官爵拍卖，这一点恰好与英国政府形成鲜明的对比。英国政府经常向商人借钱（而且经常不还），所以商人要求自己权利的呼声自然就高。而中国商人不必经常被迫借钱给政府，故政府对其比较淡漠本可以理解。例如，就海关税而言，清政府的海关税形同虚设，而英国政府的海关税，仅茶叶这个大宗来说，进口税竟然是销售价的96%！面对这样的盘剥，到底中国还是英国商人的权利更有保障，本来就是很难说的。而中国政府被迫出卖官爵，其实是在鸦片战争之后，即19世纪最末期，这当然要比英国晚得多。因此，用中国的官员腐败勒索、商人阶级软弱来解释中国经济和金融危机，理由也并不充分。

还有一个看起来极具说服力的理由——中国没有（或者缺乏）货币信用制度，因此经常发生经营资本的短缺，结果最终酿成了经济和金融危机。

当然，中国货币信用制度的产生确实比欧洲晚。这是由于欧洲常年战乱，所以霸权国家为了应付战争筹款，有成立银行向社会借贷的需求。1609年阿姆斯特丹银行在荷兰成立，1694 年英格兰银行成立，战争的需要都是其催产婆。清朝却没有这种发国难财的需要，所以度支部也不能视为国家银行。但是，我们到此最多也只能说清朝货币信用制度产生原因和基础与欧洲不同，而因此说清朝没有信用制度，那就错了。大约在 1823 年，随着丝绸业的扩张，山西票号的创始者日升昌票号诞生。而因为中俄恰克图贸易扩大的需要，更早的中国"帐局[10]"于 1736 年在张家口（这个城市是此项贸易的中转站）诞生。而无论"帐局"还是票号，都是资本雄厚、管理极其严格的金融信贷机构。而且，有材料证明，中国的信贷机构在广州贸易中非常活跃：在广州，商品进出口引起了大量货币流通，需要票号把银两从内地汇往广州，从广州汇往内地，由于中国长期处于出超地位，所以，在广州的票号，直至 19 世纪 60 年代，总是汇出大于汇入的形势。

实际上，学者们之所以会得出中国经营资本短缺的结论，并将之归结为信用制度不发达，往往是为了集中解释广州贸易中"公行[11]"的"商欠"问题。由于"商欠"是除了鸦片贸易之外导致中英冲突的另一个主要原因，所以自然引起历史学家的高度重视。例如，中国历史学家戴逸（1926 —2024）等人即据此一点认为，造成"商欠"是因为中国封建社会没有近代的金融信贷制度，一些资本薄弱的中国行商缺乏可以周转的资金。然而，由此而推定"商欠"的原因就是行商缺乏经营资本，进而再推定中国信用制度不发达，却是非常值得商榷的。

因为行商制度在中英鸦片战争中居于十分重要的位置——《南京条约》和《穿鼻草约》都要求废除公行，而且《南京条约》的2100万两白银赔款中，即有300万两系公行"商欠"——故我们需要对公行以及商欠作简要分析，然后再来回答上述问题。

广州十三行，成立于康熙五十九年（1720年），本为沿袭明代旧称。乾隆二十五年（1760年），"洋商立'公行'，专办夷船货税。谓之'外洋行'"。而这就是所谓"公行"名称之由来。它的主要功能就是凡外洋夷船到粤海关，进口货物应纳税银，督令受货洋行商人于夷船回帆时输纳。至外洋夷船出口货物应纳税银，洋行保商为夷商代置货物时，随货扣清，先行完纳。

但是，在中英贸易完全处于顺差的时代，这样看起来简单的两项任务，却是典型的"苦差"。这里最核心的原因，就是其中第一项——凡外洋夷船到粤海关，进口货物应纳税银，督令受货洋行商人于夷船回帆时输纳——基本就不可能实现。原因是，所谓英国进口货物，经常极大可能根本就卖不出去，所谓海关进口税，往往也就根本无从收起。这还不算，当英商将行商接受英国货物作为他们向行商购买茶叶的条件时，就等于将几乎没有市场的商品甩给了行商。而这种"市场风险转嫁"的后果是：当行商千方百计也无法卖出这些货物并凑够利息的时候，待来年结账（英商经常为了增加利息，故意拖到来年），所谓行商"商欠"几乎就是注定了的。这就是造成早期"商欠"的基本情况。

由此可见，早期"商欠"与行商缺乏经营资本关系不大，与中国信用制度问题关系殊浅。在这一点上，美国人类学家克莱门特·格林伯格（Clement Greenberg，1909—1994）正确地指出，因为在英国制造品上行商总要亏蚀——他们之所以从（东印度）公司接手这些货物，是因为他们不得不这样做——那些卷进英国散商进口货的行商一般都遭遇了财政困难，因为这是一项蚀本的生意。广州十三行的福隆行和兴泰行这两个最大的破产户，都与英国商人威廉·查顿（Dr. William Jardine，1784—1843）大作英国匹头（布匹织物）货有关。

如果说 19 世纪之前公行的亏蚀是由于不得不经营卖

不出去的英国产品的话（相对的好处是可以向英商提供茶叶），那么19世纪之后，特别是1804年印度港脚商人加入之后所产生的"公行""商欠"，数额巨大，次数频仍，其基本情况就完全不同了。而到这里，我们才接近1804年之后中国逐渐面临金融风险压力的真正原因。

此类"商欠"的主要原因，是印度产品已经在中国有了市场，而这个时期的"商欠"很大程度上就是资本投机生意的产物。由于印度产品在中国市场有利可图，所以港脚商人乐于向公行赊欠经营，但条件却是要收取高于平常最高利息（20%）的利息（50%）。港脚商人们清楚地知道，即使行商赔本，按照历史惯例和大清法律，他们的欠款自可由清政府从国库代赔，他们的利益不会受到任何损失。而这一次，行商不得不再次接受高利贷的原因竟然是贸易天平的逆转：如今的抢手进口货在港脚商人手里。

但是，印度商品的市场是高度不稳定的，以1838年为例：首先是中国棉花通过内河进入广州，棉价大跌，随后发生了一起火灾，行商的棉花被烧——而如火如荼进行的鸦片查禁，更加剧了投机的失败，大笔商欠再次落在了行商头上。但最为关键的是，事情到此其实才刚刚开始，这一次的情况与已往都不同：港脚商人此次投机的目的已经不再是获利或套利，而是要通过商欠，在中国，以至亚洲（印度—中国）制造一场金融危机。

因为也就是在 1829 — 1834 年，这些港脚商人纷纷从印度银行取款，或者装满荷包回家，或者转投利息更高的中国市场放高利贷（印度的最高利息是 8%）。结果在此期间，印度的主要银行都倒闭了。而在 1834 — 1838 年，一俟中国的投机生意失败（这种失败几乎是他们可以预见的），港脚商人们立即要求行商和清政府支付所有商欠和利息，以便收拾不义之财回英国老家。由于这一次利息是如此之高，数额是如此之大，正像在印度一样，他们知道这一次对于中国乃至世界货币体系究竟意味着什么——如果不采取断然拒付行动，就有可能造成整个货币信用体系的大崩溃。而他们之所以不惜指使英国当局采用武力讨要的方式，根本原因也在这里。

综上所述，行商的"商欠"，无论是前期还是后期，看起来都主要是英国操纵的结果，也就是冯桂芬所说的英国式"商战"的产物，因此它很难与"中国缺乏信用制度"联系在一起。

最后一个支持中国经营资本短缺，从而导向中国缺乏信用制度以应对通货危机的理由，乃是从中国格外高的贷款利息率上得出的。这一点看起来最有道理，以至于被称为世界金融保险教父的莫里斯·R.格林伯格（Maurice R.Greenberg，1925—）也支持这种看法。最近对此提出反对意见的是彭慕兰。他的主要理由是：首先，由于我们不知道 18 世纪中国的通货膨胀率，我们也就不知道它的真实利息率。其次，利息率随着贷款人的不同而变化，风险较大的贷款利息率在不同社会之间的差异，不可能总是与条件最好的借款人的贷款利息率相同。此外，如果对借款人的评判有时候是按照一定的标准，而不是按照信用的标准，低利息率就不一定能反映信贷的市场价值。就第三个观点，他举出了 17 世纪的英国商人即使知道贵族偿还能力也不得不以低利息将款贷给他们的例子。从前两个观点来看，他恐怕也是正确的。因为其一，18 世纪后期中国肯定存在一定的通货膨胀，这很大程度上是由白银大量流入造成的。其二，港脚商人与行商所做的是投机生意，而这种利息一定比一般生意的要高，所以，利息率高也并不一定就说明中国商人经营资本短缺，毕竟世界上几乎所有地方经营投机生意的利息率都是高的。

费正清在研究中指出，中国的物价在 18 世纪涨了300%，而这种通货膨胀之所以既刺激了中国经济的发展，也没有给中国社会造成什么严重问题，是因为白银大规模涌入中国以及清朝积极的货币政策（按银征税）改革。而1800年后，价格的上涨开始拉平，显示通货膨胀已经被抑止，这显然就不能排除货币政策所起的作用（因为当时中国还没有出现白银外流的情况）。因此，真正的问题不是通货膨胀，而是费正清所谓：在1800之后的50年，中国突然爆发的通货紧缩。于是他的观点就是：通货紧缩造成了清政府突然增加税收、横征暴敛，结果导致民众造反，清朝因此迅速土崩瓦解。

但是，这样"顺理成章"的解释实在过于简单。因为我们根本找不出1845年之后清政府突然大幅度提高税收的任何资料，所以只能说这是根本上的臆断。因此，如果说19世纪中国真的面临通货紧缩压力，那么最主要的问题就是回应1800年之后，中国为什么最终没能应对货币紧缩的压力，或者说它在处理这个问题上究竟犯了什么错误。

造成通货紧缩的一个最明显的原因当然是白银的外流。而对此中国政府当然不是无所作为，措施其一就是增加出口。实际上，我们从表1上可以看出，效果是明显的，即1806年之后，中国的出口依旧还是顺差，并且有不断上升的趋势。其二就是打击鸦片贸易，从根本上控制银根，遏制白银外流，政府的禁烟作为可谓雷厉风行——只是在英国的炮舰政策下失败了。

但晚清中国控制通货紧缩失败的另外一个原因，却基本上没有被学术界有力地触及。那就是它在处理商欠问题上的失败。1794年之后，港脚商人大规模的资本投机没有被遏制，"商欠"频仍，而且数额日益庞大，也是鸦片战争的导火索之一。而且，即使没有发生鸦片战争，如此频仍和呈几何数字上升的"商欠"，最终也极可能将中国拖入金融危机的境地。

而清政府对于"商欠"问题的处理不当，主要表现在19世纪90年代之后，对于"公行""商欠"的性质没有准确的认识。表现在政治上，就是对此时"公行"的性质的根本变化没有清楚的判断。因为此时的"公行"，已经被港脚商人控制，从而成为向中国倾销外国商品的主要工具。换句话说，它其实已经不再是一个中国商业机构，而《南京条约》不过以公开的名义，宣告它作为一个躯壳、一个所谓中国商业机构的死亡而已。根据现有的材料分析，早在1790年以降，所谓"公行"，实际上已经成为插在中国躯体上吸血的管子。

由于"公行"性质的改变,"商欠"的性质也变得不同了。但是清政府直到鸦片战争爆发,处理"商欠"问题的政策还是没有丝毫改变。早期的"公行"接受英国商品是迫不得已,造成一定数目的"商欠"情有可原,清政府照例赔偿"商欠"属于维持贸易之举,但是之后的"公行"却向中国倾销包括鸦片在内的"商品",已经属于积极进行的投机违法行为。"公行"每盈利一分,中国的白银就流失一分。而此时的"公行""商欠",基本上属于港脚商人有意为之。如果继续按照"公行""商欠"政府照例赔偿的惯例,那么"公行"无论是赔是赚,最后都会造成中国的白银外流,通货紧缩加剧——但是,清政府却误认为救"公行"即是救自己,不得不坚持这样做,实际上它救的是港脚商人和"公行"买办的利益。这样,18 世纪 90 年代以降的清政府,其实就担当了港脚商人投机活动的"保险公司"角色。而港脚商人正是看到了这一点,才通过高利贷从事投机生意——正是这种活动最终加剧了中国的金融问题,最终引发了危机。

在危机爆发后,1840 年的割地赔款又极大地削弱了清政府管理货币的能力,这样,事情才最终变得不可控制。而本来,如果没有上述因素,清政府几乎完全有可能凭借其市场、贸易、储备和信用制度渡过危机（直到 1874 年，"红顶商人"胡雪岩为了保护国内生丝市场，力图举资 2000 万两以结束外商操控丝价的局面，但因当时的政府已经无力支持而失败，最终反而导致大量票号倒闭），但最终，这一切都发生了，而且产生了连锁反应。

最后，退一万步说，即使 1840 年之前中国存在金融危机的可能性，也仅仅是可能性而已。因此，与其简单地将 1840 年前中国发生金融危机的可能性强调为必然，不如指出是什么造成了危机应对的失效。在我看来，这里的基本原因，一是由于禁止鸦片的失败，二是由于清政府在对待被港脚商人控制的"公行"的政策方面犯了严重错误。而前一个是对帝国主义的抵抗，故虽败犹荣，后一个却几乎是对资本主义投机的纵容，则不可原谅。

注释

1. 港脚商人，指在广州从事贸易的英国和印度的散商，英文为"country merchant"。
2. 怀柔，用政治手段笼络其他民族或国家。
3. 康德拉捷夫周期，由苏联经济学家尼古拉·康德拉捷夫

（Nikolai Kondratievff，1892—1938）提出，资本主义经济发展过程中存在着周期为 50 年左右的景气与萧条交替的长期波动。又称康德拉捷夫长波。

4. 银本位制度，以白银为本位货币的货币制度。

5. 金本位制度，以黄金为本位货币的货币制度。

6. 1 磅 ≈0.45 千克。

7. 斯图亚特王朝，1371—1714 年统治苏格兰，1603—1714 年统治英格兰和爱尔兰。

8. 收益递减，经济学名词，指其他投入固定不变时，连续地增加某一种投入，所新增的产出最终会减少的规律。

9. 商欠，又称"行欠"或"夷欠"，即行商欠外商的债务。

10. 帐局，专门从事放款业务的金融机构，相当于最早的银行。

11. 公行，一般指广州十三行。广州十三行是清代专做对外贸易的牙行，是清政府指定专营对外贸易的垄断机构。

帝制的终结

卜宪群

清室的退位不是统治者理性思考的结果，而是日薄西山，大势已去。但一个自秦始皇以来就延续的国体与政体，一个立国近 300 年的王朝，就这样轰然坍塌、戛然而止，这样的崩溃发人深省。现在，让我们再次走近它，探究这平静后面的悲歌。

1912 年 2 月 12 日，紫禁城从睡梦中醒来。这是一个平凡的日子，但对两千多年帝制统治的中国来说，却是一个不平凡的日子；对统治中国 200 多年的清皇室来说，更是一个不平凡的日子。这一天，隆裕太后带着年仅 6 岁的小皇帝宣统，连续发布 3 道诏书，宣布清帝退位。

　　诏书宣布：清廷同意袁世凯与南方政府达成的清帝退位条件，劝诫人民保持冷静，维持秩序，不信谣言，听从皇帝旨意，接受新政府；同意放弃皇位，赞同中华民国政府，命内阁总理大臣袁世凯全权组建中华民国临时政府，以接替现在的中华民国南京临时政府。

　　同时，清政府外务部也向各国驻华公使馆发出照会，宣布皇帝旨意，期待列强承认中华民国政治体制合乎宪法，强调清室已顺从民意，自动退位，并已按照人民意愿选择、确认了合法继任者。

　　大清皇帝的权力黯然从广袤的国土退回到了紫禁城一隅。这不是数千年来一个王朝替代另一个王朝的轮回，也不是政治权力一家一姓的又一次转换。这是中国历史上从未有过的大变化。一个全新的民主共和国出乎意料地悄然而生！

由盛而衰的悲歌。一切都显得那么平静！

清廷很平静，没有做绝地反击，也没有鱼死网破、玉石俱焚的抵抗。

隆裕太后很平静，退位诏书充满理性色彩，体现出皇室应有的政治责任和尊严。清廷的最后期待就是臣民顺应天意，放弃反抗，归顺新的国体和政体，冷静面对历史的大变局。

中国最大的商业中心上海发来的电报语气轻松，宣告上海市民普遍接受了清王朝终结、民国建立的事实。各国使馆只是履行一下外交使节名称变更的手续而已。习惯了帝制统治的人民也显得很平静，依旧打理着每天的生活，没有因失去习以为常的天子而捶胸顿足。

政治家们似乎也很平静，继续给清廷提供优厚的待遇，让他们享受着皇室应有的尊严。

一切似乎都在预料之中，人人都在称赞袁世凯的睿智、远见和政治家的风度，期待着共和国的美好未来。

清帝退位后，仍然保留着优厚的待遇。这是中国人所创造出，过去改朝换代从来没有出现过的结局。旧王朝退出了实体统治，但新政府并没有完全抹杀旧王朝的历史，而是给予适度尊重、礼遇。旧王朝的统治者除了少数极端势力外，大多数人比较坦然地接受了清帝退位的事实。

为袁世凯处理文稿的汪荣宝在当天的日记中无限感慨地写道，从此统治权将还付国民，合满、汉、蒙、藏、回五大民族为一大中华民国，开千古未有之局，这是全国志士辛苦奔走之功，更是隆裕太后"尊重人道，以天下让之"的结果。隆裕太后是"至德"之人，国民对她应当"感念于无极矣"。

清廷顾虑退位带来的全国性动荡是多余的，清帝退位，无论世界还是中国，确实都很平静。1912 年 2 月 14 日，英国《泰晤士报》的首席记者莫理循（George Ernest Morrison，1862 — 1920）发自北京的报道说："北京很平静。诏书已被人民所普遍接受。除了贴在各个路口，宣告国体改变，命令保守秩序，警告扰乱和平将处死刑的措辞严厉的告示外，一切如常。"[1]

清帝退位不是统治者理性思考的结果，而是日薄西山，大势已去。但一个自秦始皇以来就延续的国体与政体，一个立国近 300 年的王朝，就这样轰然坍塌、戛然而止，这样的崩溃发人深省。现在，让我们再次走近它，探究这平静后面的悲歌。

这是一个有着辉煌历史的王朝，崛起于白山黑水之间，迅速发展，一统中原。这个庞大帝国虽依满族而兴起，但入关以后很快就调整了其军事征伐政策，积极吸收中原文化，继承历代先贤之智慧，励精图治，在政治、经济、社会、文化上创造出为人津津乐道的康乾盛世，最终奠定了统一多民族国家的版图格局，为中华民族的最终形成做出了杰出贡献。

统一是中国历史的潮流，但是历代的统一都没有达到清王朝这样的高度。中国作为一个统一多民族国家的世界大国应当说是在清初，即康雍乾时期奠定的。辽阔疆域的形成对我们中华民族的影响非常深远，以汉族为主体的各民族之间的交流和融合也达到了前所未有的程度。康雍乾时期，经济得到了进一步的恢复与发展，荒地的开垦、人口的增加、新的经济作物的生产，都达到了一个新的高度。

城市的繁荣、人口的增长、耕地的扩大、农业和手工业技术的进步、海外贸易的出超，铸就了康乾盛世的物质基础。据经济史家安格斯·麦迪森（Angus Maddison，

1926 —2010）《世界经济千年史》（*The World Economy: A Millennial Perspective*）测算，鸦片战争爆发前 20 年，即 1820 年前后，嘉庆、道光年间，中国的总产出，即今天所说的 GDP，在世界经济构成中仍占 32.9%。领先欧洲核心十二国，即英、法、德、意、奥、比、荷、瑞士、瑞典、挪威、丹麦、芬兰的产出总和（约占世界经济的 12%），更遥遥领先于美国（1.8%）、日本（3.0%）。

文化也在这个基础上繁荣起来。具有资本主义生产关系某些特征的生产方式在江南部分行业中隐约地出现。西方的科技伴随着传教士的到来渐渐引起了统治者的好奇。尽管自给自足的自然经济仍然占着主导地位，但经过两千多年的发展与积累，勤劳的中华民族在 17 —18 世纪前期的百年时间里，塑造了一个举世瞩目的东方大国形象。

这个大国输出着贸易，也输出着文明的价值观。德国哲学家戈特弗里德·威廉·莱布尼茨（Gottfried Wilhelm Leibniz，1646 —1716）感慨地说："中国是一个大国，它在版图上不次于文明的欧洲，并且在人数上和国家的治理上远胜于文明的欧洲。"[2] "我们从前谁也不信在这个世界上还有比我们伦理更完善、立身处世之道更进步的民族存在，现在从东方的中国，竟使我们觉醒了。"启蒙思想家查理·路易·孟德斯鸠（Charles-Louis de Secondat, Baron de Montesquieu，1689—1755）也由衷地感叹："那个幅员广漠的中华帝国的政体是可称赞的，它的政体的原则是畏惧、荣誉和品德兼而有之。"[3] 伟大的启蒙思想家伏尔泰（Voltaire,1694—1778）更是惊呼："人类肯定想象不出一个比这（指中国）更好的政府！"[4]

　　启蒙思想家对中国的赞美当然是真诚的，但他们的目的，只是为本国新兴的资产阶级摆脱封建专制桎梏呐喊。他们对中国的理解更多的也只是文化和表象上的东西，是借助中国的传统文化来抒发自己的胸襟。但令人感到嘲讽的是，这个备受他们赞美的东方大国，不久的将来就沦为西方列强凌辱的对象。盛衰转变之速，令人瞠目。

　　与中国历史上曾经的文景盛世、汉武盛世、贞观盛世不同，17世纪兴起的康乾盛世所面对的局势，已经与中国传统的任何一个王朝相异其趣。虽然清王朝最终较好地解决了周边民族问题，也与历史上其他入主中原的王朝一样最终接受了中原文化，但它面对的却是一个全球史到来的时代。无论清王朝如何规避这个世界，蓬勃发展的资本主义为扩张市场和掠夺资源，都会无情地把这艘古老的航船推进波涛汹涌的无边海洋。

中国传统文化虽然具有很强的融合外来文化的能力，中华传统文化中也确有不少外来文化的因素，但它的核心价值观具有自己的独特性。独特的历史文化传统、独特的地理环境，使中华文化与外来文化仍然具有较强的异质性。从根本上说，中国封建社会晚期资本主义的因素始终没有发展起来，中西方文化并不是建立在共同的经济基础之上。所以，当西方资本主义突然来临时，坚守古老传统的清王朝上上下下无疑会将其视为一个怪物。

"祖宗家法"不可变。历史并不是没有给清王朝机会，清王朝统治者也不是没有做种种努力。接替乾隆帝的是他的儿子嘉庆帝。嘉庆帝在乾隆帝在位 60 年的时候接班并改元，尊乾隆帝为太上皇。在太上皇还健在的时候，嘉庆帝虽没有掌控多少权力，但他已深刻理解了大清帝国的内在困境。因此，当乾隆帝驾崩后，嘉庆帝一方面将前朝权臣贪官和珅处死；另一方面为安抚满朝文武，宣布只要忠于自己，便可以既往不咎。那时，嘉庆帝已有意调整政策，重开新局。

不过，中国的政治精英们已经陶醉在经济的富足之中。他们简单地认为，白银大规模流入中国，意味着中国的富强和强大吸引力，是天朝大国无所不有的象征。他们只看到中国在与西方的贸易中获得的好处，却不愿敞开自己的大门。更为荒唐的是，他们竟然为了自己的颜面、尊严而放弃了贸易谈判。

乾隆五十八年（1793 年），英国使臣乔治·马戛尔尼（George Macartney，1737 — 1806）的使团来到中国。他们代表英国政府希望与中国建立新型的国家关系，让失衡的中英贸易趋于平衡，方法就是打开中国国门，开放贸易，让更多的中国人购买西方的商品。

在今天看来，这并不是一个非常复杂或难以理解的事情，但在当时，却颇令不少中国人费解。因为我们的东西好，所以你们愿意买；至于中国不购买更多的西方产品，是因为中国人不需要、中国人节俭。然而，使团与清廷纠结的是觐见乾隆皇帝的礼仪问题，虽然最终乾隆在热河接见了使团，但断然拒绝了他们提出的签订通商条约的要求，中西贸易的失衡问题没有解决。

由于清王朝自认为是天朝大国，无所不有，不需要跟外界进行贸易往来，造成马戛尔尼使团这次和清王朝之间关于通商问题交流的失败，使中国失去了一次与世界进行经济和文化交流的机会。马戛尔尼使团虽然没有达成和清王朝通商的目的，但是他们沿途搜集了大量关于清王朝政治经济、社会文化等各方面的情报。他们把这些情报带到了西方，使西方对清王朝有了进一步的了解。

嘉庆二十一年（1816 年），英国国王乔治三世（George William Frederick，1738 — 1820）再次派出以阿美士德（William Pitt Amherst，1773 — 1857）为正使的外交使团出使中国，试图接续 20 多年前马戛尔尼的未尽使命。尽管距离乾隆皇帝接见马戛尔尼使团已经过去了 20 多年，但嘉庆皇帝依然记得上次觐见时的繁琐程序和种种不快。他只想按照乾隆皇帝的惯例来安排这个远夷使团，对正在欧洲各国兴起的远洋贸易、殖民活动却一无所知。

历史不能假设，但历史的经验可以总结。

嘉庆在位的时候，世界工业革命才刚刚兴起，凭借康乾以来积累的实力，如果适时改革，踏准世界工业革命的节奏，不仅中国的历史、大清的历史要改写，世界近 300 年的历史也肯定不一样。

一切伟大的变革都源于对历史与现实的反思。嘉庆固然有革新的企图，但其思维还是历代王朝"中兴"的套路，与近代化的模式大相径庭。历史的惯性在于，一个王朝建立了，祖宗家法也就出现了，任何试图改变祖宗家法的改革，都很难实现。祖宗家法是不可轻易改变的，专制下的朝政更是不可随意批评议论。嘉庆五年（1800年），当翰林院编修洪亮吉上书言事，痛陈数十年来之弊政时，立刻就逆了龙鳞，被流放到新疆。建言者犯忌，刚刚出现的改革新气象瞬间即逝。前前后后，中国错失了近200年的历史机遇期。如果要挖掘1912年清王朝终结的深层原因，至少要追溯到这个时期。

就近代国家交往的一般原则而言，单向的优惠不合时宜，双向的互惠也并非都是伤害主权，一切都是可以谈的。清政府无论出于什么样的想法和目的，其闭关锁国的方法都是不足取的。但从根本上来说，那个时代的中国还没有出现代表先进生产力的资产阶级，更没有其政治上的代言人。中西对话的不和谐是可想而知的。

西方的资本主义正在疯狂地发展，资本的原始积累刺激着资本家及其政府的贪婪欲望，炮舰加掠夺的血腥利润获得方式，刺激着商人把目光投向世界的每一个角落。自马可·波罗（Marco Polo，约1254—1324）以来就被描述成富庶繁荣的东方，更是他们垂涎欲滴的对象。而古老的中国，沉醉于闭关锁国、孤芳自赏，根本没有意识到黑暗即将降临。

失去了走向世界的机遇，将自己封闭起来，并不等于安然无恙，这是清王朝不同于中国历史上其他王朝的显著时代特征。19 世纪二三十年代，也就是嘉庆、道光时期，中国的危机程度开始加深。为摆脱贸易的不平衡，西方列强开始了罪恶的鸦片贸易。转瞬间，贸易的顺差变成了逆差，白银外流越来越多，越来越快。中原已无可用之兵，国库更无可用之饷。不平衡造成的矛盾和冲突，最终需要用武力来解决了。

任何腐朽的时代，都有清醒的人。道光十九年（1839年）暮春，细雨蒙蒙，繁花盛开，在中国社会即将发生重大转变的前夕，被称为"中国的但丁"的著名学者、诗人龚自珍辞官寂然南归。他看到过、享受过盛世的繁华，归途所见，却使他更深切地预感到中国社会已病入膏肓，不可救药。颓风日盛，江河日下，"四海变秋气，一室难为春"。世界中心可能已经转移，大清王朝的残山剩水已经"日之将夕，悲风骤至"，等待大清、等待中国的，可能是一种并不美妙的结局。旧时代不可挽回，中国必须"走出中世纪"。但龚自珍对中国怎样才能走出中世纪并没有知识储备，他还不可能知道西方资本主义的真正意义，他只是内心预感到中国应该尽早变法。

龚自珍认为："一祖之法无不敝，千夫之议无不靡。

与其赠来者以劲改革，孰若自改革？"意思是说，祖宗之法是有弊端的，与其让外力来改革，不如自己先起来改革，至少这样还可以保全自身吧？他看到了危机，看到了新奇，但是，他同样不可能认识到如何来改革，如何面对这突如其来的西方世界。"何敢自矜医国手，药方只贩古时丹"，正说明了他内心的苦闷与彷徨。

在龚自珍生活的时代，大清政治体制已经严重僵化，高度的专制与集权，使皇权比历史上任何时期都缺乏监督。贪婪奢靡的腐败之风已经吹遍了官僚阶层的上上下下。思想的禁锢与落后的经济意识，塑造了清王朝冷酷呆板的性格与面孔。这个未老先衰的王朝步履蹒跚，显然已无力改革。这位曾发出"我劝天公重抖擞，不拘一格降人才"的中国改良主义先驱于道光二十一年（1841年）秋天突然辞世。

错过了自我革新，错过了与时俱进，也错过了与世界同步的机会。道光二十年（1840年），中国与英国爆发了一场战争。这场战争被称为"鸦片战争"，其结果造成中国向外国割地、赔款。

鸦片战争后，中国紧闭着的大门被迫打开，五口通商让外国物品比较顺畅地进入中国。这极大地冲击着中国的自然经济，但也为中国社会经济结构的调整、为新的生产方式的产生提供了时机。先前肆虐中国的"倭寇"随着五口通商不剿而灭，合法贸易渐渐成为中外贸易的主导，海关收入在清王朝财政收入中的比重渐趋增加。一个新的经济形态呼之欲出，中国缓慢步入近代资本主义发展道路似乎又有了新的转机。

大门虽然是被迫打开的，但如果清王朝能够痛定思痛，及时抓住这个历史赋予的被动机遇，迎难而上，君臣同心，上下同心，励精图治，仍然可以有一番作为，也还有希望避免日后更为悲惨的命运。

道光二十一年（1841年）7月，力主抵抗的林则徐被清政府视为"肇事者"发配伊犁。途经镇江时，他与老友魏源相聚。回顾往事，林则徐、魏源感慨万千；遥望漫漫前途，林则徐大约不敢奢望还有机会重返中原。临别时，林则徐将尚未完成的《四洲志》托付给魏源，希望魏源修订、充实，并尽快出版，以开拓国人的世界视野。

遵照老友的嘱托，魏源将《四洲志》扩编为《海国图志》，并于两年后在扬州初刻五十卷本。

《海国图志》是中国人用主权、鲜血和生命换回来的经验教训。这部书详细介绍了世界各国的历史、地理、资源、行政、社会、教育等，其编辑主旨就是打开国人眼界，让国人能"睁眼看世界"，激励国人"师夷之长技以制夷"。

没有一个强大的民族和国家不是在学习中成长的，赵武灵王"胡服骑射"造就了一代枭雄。"师夷之长技以制夷"，是一个伟大的进步思想，是傲慢的中央帝国在被征服后的最佳选择，也是最后的选择。中国被打败了，不是想翻盘吗？可以，但是首先要放下身段，俯首来了解那些曾经被藐视为"夷"人的情况。知己知彼，百战不殆，本来就是中国圣贤的教诲。魏源按着这样的思路往下走，顺理成章，无可挑剔。清王朝按照这个方向往下走，路虽艰难，但仍可见一线光明。

然而，"天朝大国"的惰性实在太强大了，失败很快就成为被忘却的过去，醒来的雄狮似乎打了个哈欠又睡着了。清王朝辜负了林则徐、魏源的一片苦心，历史再次停滞了。左宗棠在为《海国图志》作序时愤然写道："书成，魏子殁，廿余载，事局如故。"

"事局如故"是说这20多年根本没有什么变化。林则徐、魏源的心声根本无人理会。令人感叹的是，《海国图志》在中国没有产生很大的影响，但在日本却掀起了很大的波澜。不少日本知识界的人都读过《海国图志》，这本书启发了他们以近代的眼光来审视西方，规划日本的未来。

历史走到了 19 世纪后半期，中国又生生错过了 20 年的改革机遇。这在很大程度上说明，清王朝的政治架构已经很难容纳新的社会生产力，生产关系成了生产力产生、发展的严重障碍。

最后的覆亡当然不只是因为外来敌人这一因素。同治六年农历六月二十日（1867 年 7 月 21 日）的傍晚，清廷重臣曾国藩与其最为赏识的机要幕僚赵烈文有一段对话，在这段对话中，对天下大事有着极为精准判断的赵烈文认为，清朝一系列的历史问题没有解决，这些问题到了关键时刻必将像梦魇一样缠绕着清廷。这些历史问题就是"诛戮太重"。嘉定十日、扬州三屠，诸如此类，清军都没有及时给予合理解释。赵烈文预见了大清最后十几年种族主义必然崛起，大清欲学晋宋南渡皆无可能。满汉双轨既是清朝统治稳定的关键，又是大清王朝的命门，是一把双刃剑。他预言，清王朝离覆灭不到 50 年了。

赵烈文是在期盼着清王朝"同治中兴"的曙光中说出这段话的。赵烈文一语成谶，不到 50 年，清王朝就成了历史的陈迹。

大门既然被列强用大炮打开，尊严就无从谈起，宰割便成了寻常之事。五口通商让西方各国看到了中国市场的巨大潜力，他们普遍期待有机会扩大对华出口，扩大市场份额。根据《南京条约》及《望厦条约》12年到期修约的规定①，英、法、美三国在1854年、1856年两次向清政府提出修约。俄国在过去若干年也从中国获得了巨大的贸易好处，因而也加入了要求修约的阵营。

对于四国的修约要求，清政府并没有轻易答应。《南京条约》签订后，广东地方当局因五口通商将他们先前一口垄断的好处均分、稀释，因而长时期不履行条约规定，不让外国人进城居住。一些史书称之为"反入城斗争"。允许外国人在通商口岸居住是《南京条约》规定的内容，另外四个新开的口岸没有发生广州这样的事情，这自然就使外国人对广东地方当局长期不履行条约很不满意，一直期待寻找机会与清中央政府直接交涉，而咸丰六年（1856

①　关于《南京条约》的修约规定，实际上该条约本身并没有包含明确的修约条款。但是，后来的《望厦条约》和《黄埔条约》中确实包含了关于条约修改的规定。例如，《望厦条约》规定，条约满12年时，两国可根据实际情况进行修改。基于这些后来的条约和片面最惠国待遇规定，英国等西方国家认为自己有权在《南京条约》满12年，即1854年时，提出修改要求。——编者注

年）10 月发生的"亚罗号事件"终于让他们找到了一个动武的理由。翌年，英、法两国集结近 20 艘军舰、近 6000 人于珠江口登陆，占领广东。

咸丰八年（1858 年），英、法舰队在美、俄两国支持下，北上袭击大沽口，兵临城下，武力胁迫之下，清政府派人与英、法、美、俄四国分别签订《天津条约》，清政府同意扩大开放，增设通商口岸，修改关税税则，允许自由传教，允许外国人在内地旅游，允许外国兵船在通商口岸停泊。

从商定《天津条约》的内容到最后各国要求进京换约，中间充满曲折与冲突。似乎中国皇帝最害怕的事情莫过于外夷踏进北京城或者见到他本人。各种贸易、司法权益都可以谈，就是皇帝本尊的面目不可示人。

英、法两国集结百余艘战舰、两万五千人攻克天津，占领北京。又是兵临城下，咸丰皇帝仓皇出逃，只留下恭亲王奕䜣作为全权代表议和。咸丰十年（1860 年）10 月，钦差大臣奕䜣在礼部大堂与法国代表交换了《中法天津条约》，签订了《中法北京条约》。同年 11 月，又签订了《中俄北京条约》。

《北京条约》是《天津条约》的扩大，西方资本主义国家在中国攫取了更多的利益，破坏了中国领土与主权的完整，将古老的中华帝国进一步推进了半殖民地半封建化的灾难深渊。

落后的中国在西方主导的规则下，被动地进入了世界，被动地接受着丛林法则的蹂躏。连续的教训，也在推动着它进行某种变革。《北京条约》意味着又一个时代的开始。根据《北京条约》，中国增加了通商口岸，特别是天津的开埠，对于后世中国来说具有不可低估的意义，北部中国从此面貌大变，并且深刻影响了中国的政治中心——北京。近代国际关系新体系，使中国开始与各国互派公使，中国为此专门设立了总理各国事务衙门，负责处理与各国的往来事务。这是中国历史的重大转变。

《北京条约》被动地"化解"了中国与西方列强20年来的冲突。知耻而后勇，在被英法联军打败后，清王朝内部反而出现了向西方学习的现象。

清王朝在两宫皇太后、恭亲王奕䜣的领导下，以及"中兴大臣"曾国藩、左宗棠、胡林翼、李鸿章等人的努力下，终于镇压了洪秀全领导的太平天国运动，侥幸地解决了困扰大清王朝十余年的心腹之患。中国与外部世界的关系，也在这一过程发生改变，一场以学习西方为目的的洋务运动正在逐步展开，"同治中兴"的欢呼声充斥朝野。

如果清王朝沿着这条道路走下去，也许就不会有赵烈文的悲观预测，半个世纪之后的清王朝可能会以全新的面貌屹立在世界东方。

然而，清王朝没有在学习西方的道路上坚定不移地走下去，而是半信半疑，中体西用，用了几十年的时间，到头来发现学习西方的结果，差不多就是一系列半吊子工程：中国拥有一支亚洲最强的现代化海军，但是缺少近代的海权意识；中国拥有一大批近代企业，诸如福州船政局、轮船招商局、制造局、电报局、开平矿务局等，但没有产生自己的资产阶级。掌管这批近代大型企业的人，差不多都是"红顶商人"，因而这些企业虽然在基本装备上非常现代化，但管理它们的却是旧式衙门。

落后的政治体制、旧传统背景下不可克服的腐败，让清王朝陷入无法自救的恶性循环中，腐败、贪污、惊人的浪费，是晚清官场的常态。清王朝找不到重建新秩序的契机，经济上的"同光中兴"并没有给中国带来一个新的时代，中国没有利用这个历史机遇加入与世界同步发展的轨道，更没有踏上世界资本主义发展的节拍。

没有什么比思想的束缚更能阻碍传统的突破。旧的观念严重禁锢了中国人，扼杀了人才，窒碍了创新。中国在收获"同光中兴"经济成功时，没有适时实现社会转型，没有培养出自己的社会中坚阶级，这是最为可惜的一件事。它为后来的历史突变，为大清帝国的瓦解积蓄了力量。

没有冷静的头脑就不可能有冷静的智慧。光绪二十年（1894年），朝鲜问题凸显，中日之战一触即发。中国究竟应该怎样应对东北亚危机？假如中日开战，中国究竟应该如何应对？后来的中国人知道在战略上要蔑视敌人，在战术上要重视敌人，但1894年的中国人，被"同光中兴"热昏了头脑，在战略、战术两个层面均不将日本当回事。著名诗人易顺鼎在甲午年（1894年）7月上了一份《陈治倭要义疏》，其中一段这样说："日本鼠也，非虎也。言其饷，则借债；言其船，则木质；言其兵，则市人；言其技，则浅学；言其国势，则中干；言其人心，则内乱；言其土地、人民、赋税，则不过敌中国一二省。中国之财力，胜十日本而有余，岂制一日本而不足？"

易顺鼎是一位天才诗人，是什么遮蔽了他的双眼？即便在甲午战争过去两个多甲子的今天，仍值得我们深思。

唯一看到问题症结的是孙中山。孙中山与易顺鼎年龄相仿，但其见解却大相径庭。孙中山认为，不应该被所谓"同光中兴"所迷惑，真实的情形是："中国积弱，非一日矣。上则因循苟且，粉饰虚张；下则蒙昧无知，鲜能远虑。近之辱国丧师，剪藩压境，堂堂华夏不齿于邻邦，文物冠裳被轻于异族。"[5]

表面的风光掩饰不住内在的空虚，扪心自问，有志之士，能不抚膺？问题究竟在哪里？孙中山的答案是："夫以四百兆苍生之众，数万里土地之饶，固可发奋为雄，无敌于天下；乃以庸奴误国，荼毒苍生，一蹶不兴，如斯之极！"[6]说到底，只有一句话，就是满人建立的清王朝，从一开始就潜藏着巨大的问题，这一看法不正与 20 年前赵烈文的分析相吻合吗？

谁也没有想到，孙中山一个人的觉醒，点燃了焚毁清王朝的星星之火，而这颗火星是那么顽强，那么富有生命力。他一个人的觉醒，变成了一个民族的觉醒、一个国家的觉醒。这是时代的必然，这是历史的逻辑，这是中国人民在经历了一系列挫折之后的自觉自醒。但是，大清帝国的终结，在孙中山醒来的时候，基本上已经注定。

清王朝先天不足或许是真的，但是清王朝如果知错能改，急起直追，踏踏实实地进行改革，诚心诚意地学习东、西洋，追求富强，浴火重生，并不是没有机会。

甲午战争再次给了中国重重一拳。甲午战争，特别是黄海海战、威海保卫战之后，精神受到强烈刺激的莫过于严复。作为福州船政学堂的第一届毕业生，作为第一批前往英国海军学校学习的留学生，作为北洋水师学堂 20 年的教习、总教习，那些在海战中牺牲的将士，不是严复的同窗，就是严复的学生。由此，我们应该可以理解光绪二十年（1894 年）浑浑噩噩的严教习，为什么在光绪二十一年（1895 年）春天拍案而起，成为当时中国最愤怒的人。

严复没有将注意力放在追究战争的责任上，他虽然认为李鸿章的战略、战术都有问题。但他并没有停留在浅层次的埋怨、指责上，而是从中西文明大背景的角度来探究中国何以败，何以败得这样惨。

据严复分析，甲午之战非同寻常，这是中国自秦朝以来的大转折，是中国冥冥之中的"运会"，不可捉摸，无法言说。其结果之所以这样，主要应该归结于传统，归结于中西文明的根本不同。严复从多方面比较了中西文明的差别："中国以孝治天下，而西人以公治天下；中国尊主，而西人隆民……"中国最重三纲，而西人首明平等；中国亲亲，而西人尚贤。[7]

严复的这些分析，或许并不那么严谨，但 100 多年过去了，这些差别仍然值得我们深思。差别当然并不意味着优劣，但在一个凭借实力说话的丛林世界中，力量就是一切。

物竞天择，适者生存。落后就要挨打。落后不仅局限于政治、经济和军事方面，还包括观念。这就是甲午之战留给中国人最深刻的教训。

历史还是给清王朝留下了一线生机。甲午战争后，中国人有过一次非凡的觉醒，新的理论开始在中国传播，中国面对西方刺激所做出的反应，已经超越器物层面，开始向制度层面转型。

梁启超在《变法通议》中说，此前 30 余年洋务新政"之言变者，非真能变也。即吾向者所谓补苴缺漏，弥缝蚁穴，漂摇一至，同归死亡。而于去陈用新、改弦更张之道，未始有合也"。在梁启超等人看来，中国只有彻底放弃旧有的一切，涤荡旧俗，冲决网罗，重建新的制度与统治模式，才有可能报仇雪耻、重振雄威。谭嗣同在《仁学自序》中说："窃揣历劫之下，度尽诸苦厄，或更语以今日此土之愚之弱之贫之一切苦，将笑为诳语而不复信，则何可不千一述之，为流涕哀号，强聒不舍，以速其冲决网罗，留作券剂耶！"

　　遗憾的是，路走得太艰难了。清王朝的执政者，总以为时间还多，不在乎一朝一夕，殊不知，工业化时代在时间上根本输不起。

　　1907年12月19日《中外日报》刊登了一幅揭露清政府出卖铁路主权的宣传画，而四川保路运动正是辛亥革命爆发的导火索。梁启超在回顾这场惊心动魄的剧变时说："我国辛亥革命之役。以区区四川一隅铁路国有之争议，遂乃覆前清三百年之社稷，以变国体为共和。宁非绝可怪骇之象？而治国闻察世变之士，必能知前乎此者，并乎此者，有极深远、极复杂之因果关系。"对革命前夜深刻的社会演化逻辑给予了清晰的揭示和概括。

　　维新失败，民族主义崛起，亚洲觉醒，清王朝的政治改革重新起步，力度之大，意志之坚定，都超出人们的预料。当慈禧太后、光绪皇帝兴冲冲地在1906年宣布政治改革启动时，革命党经过10年挫折，已经对清政府的改革毫无兴趣。回望1905年革命派与改良派的大论战，就可以清晰地看到历史留给大清王朝制定政治改革方案的时间已经不够了，政治改革已经不能引起知识精英的兴趣了，更不能变成中国人的共识。清王朝在最后的岁月试图高歌猛进，但这个高歌，只是为帝制中国唱响了一曲哀婉的悲歌！中国由此"猛进"至一个全新的共和时代，清王朝成为历史陈迹。

注释

1. 窦坤：《〈泰晤士报〉驻华首席记者莫理循直击辛亥革命》，福建教育出版社2011年版，第170页。

2. 陈修斋：《陈修斋论哲学与哲学史》，人民出版社2009年版，第22页。

3. 张西平：《中国与欧洲早期宗教和哲学交流史》，东方出版社2001年版，第409页。

4. 李勇：《西欧的中国形象》，人民出版社2010年版，第190页。

5. 章开沅：《辛亥革命史（全三册）》，东方出版中心2010年版，第101页。

6. 姚金果：《解密档案中的孙中山》，东方出版社2011年版，第9页。

7. 尚明：《中国近代人学与文化哲学史》，人民出版社2007年版，第74页。

辛亥革命之意义
与十年双十节之乐观

梁启超

辛亥革命有甚么意义呢？简单说：

一面是现代中国人自觉的结果。

一面是将来中国人自发的凭借。

自觉，觉些甚么呢？

第一，觉得凡不是中国人，都没有权来管中国的事。

第二，觉得凡是中国人，都有权来管中国的事。

今日天津全学界公祝国庆，鄙人得参列盛会，荣幸之至。①

我对于今日的国庆，有两种感想：第一，是辛亥革命之意义；

第二，是十年双十节之乐观。请分段说明，求诸君指教。

"革命"两个字，真算得中国历史上的家常茶饭，自唐虞三代以到今日，做过皇帝的大大小小不下三四十家，就算是经了三四十回的革命。好象戏台上一个红脸人鬼混一会，被一个黄脸人打下去了；黑脸人鬼混一会，又被一个花脸人打下去了。拿历史的眼光看过去，真不知所为何来。一千多年前的刘邦、曹操、刘渊、石勒是这副嘴脸，一千多年后的赵匡胤、朱元璋、忽必烈、福临也是这副嘴脸。他所走的路线，完全是"兜圈子"，所以可以说

---

① 本文为梁启超1921年10月10日的演讲稿，部分语法与当代不同。但为保留原文特色，未作更改。——编者注

是绝无意义。我想中国历史上有意义的革命，只有三回：第一回是周朝的革命，打破黄帝、尧、舜以来部落政治的局面；第二回是汉朝的革命，打破三代以来贵族政治的局面；第三回就是我们今天所纪念的辛亥革命了。

辛亥革命有甚么意义呢？简单说：

一面是现代中国人自觉的结果。

一面是将来中国人自发的凭借。

自觉，觉些甚么呢？

第一，觉得凡不是中国人，都没有权来管中国的事。

第二，觉得凡是中国人，都有权来管中国的事。

第一件叫做民族精神的自觉，第二件叫做民主精神的自觉。这两种精神，原是中国人所固有；到最近二三十年间，受了国外环境和学说的影响，于是多年的"潜在本能"忽然爆发，便把这回绝大的自觉产生出来。

如今请先说头一件的民族精神。原来一个国家被外来民族征服，也是从前历史上常有之事，因为凡文化较高的民族，一定是安土重迁，流于靡弱，碰着外来游牧慓悍的民族，很容易被他蹂躏。所以二三千年来世界各文明国，没有那一国不经过这种苦头。但结果这民族站得住或站不住，就要看民族自觉心的强弱何如。所谓自觉心，最要紧的是觉得自己是"整个的国民",永远不可分裂、不可磨灭。例如犹太人,是整个却不是国民;罗马人是国民却不是整个;印度人既不是国民更不是整个了。所以这些国从前虽然文化灿烂,一被外族征服,便很难爬得转来。讲到我们中国,这种苦头,真算吃得够受了。自五胡乱华以后,跟着甚么北魏咧,北齐咧,北周咧,辽咧,金咧,把我们文化发祥的中原闹得稀烂。后来蒙古、满洲,更了不得,整个的中国,完全被他活吞了。虽然如此,我们到底把他们撵了出去。四五千年前祖宗留下来这分家产,毕竟还在咱们手里。诸君别要把这件事情看得很容易啊!请放眼一看,世界上和我们平辈的国家,如今都往那里去了?现在赫赫有名的国家,都是比我们晚了好几辈。我们好象长生不老的寿星公,活了几千年,经过千灾百难,如今还是和小孩子一样,万事都带几分幼稚态度。这是什么原故呢?因为我们自古以来就有一种觉悟,觉得我们这一族人象同胞兄弟一般,拿快利的刀也分不开;又觉得我们这一族人,在人类全体中关系极大,把我们的文化维持扩大一分,就是人类幸福扩大一分。这种观念,任凭别人说我们是保守也罢,说我们是骄慢也罢,总之我们断断乎不肯自己看轻了自己,确信我们是世界人类的优秀分子,不能屈服在别的民族底下。这便是我们几千年来能够自立的根本精神。民国成立前二百多年，不是满洲人做了皇帝吗？到了后来，面子上虽说是中国人被满洲人征服，骨子里已经是满洲人被中国人征服，因为满洲渐渐同化到中国，他们早已经失了一个民族的资格了。虽然如此，我们对于异族统治的名义，也断断不能忍受。这并不是争甚么面子问题，因为在这种名义底下，国民自立的精神总不免萎缩几分。所以晚明遗老象顾亭林、黄梨洲、王船山、张苍水这一班人，把一种极深刻的民族观念传给后辈，二百多年，未尝断绝。到甲午年和日本打一仗打败了，我们觉得这并不是中国人打败，是满洲人拖累着中国人打败。恰好碰着欧洲也是民族主义最昌的时代，他们的学说给我们极大的刺激，所以多年来磅礴郁积的民族精神，尽情发露，排满革命，成为全国人信仰之中坚。那性质不但是政治的，简直成为宗教的了。

第二件再说那民主精神。咱们虽说是几千年的专制古国，但咱们向来不承认君主是什么神权，什么天授。欧洲中世各国，都认为君主是国家的主人，国家是君主的所有物。咱们脑筋里头，却从来没有这种谬想。咱们所笃信的主义，就是孟子说的"民为贵，社稷次之，君为轻"。拿一个铺子打譬，人民是股东，皇帝是掌柜；股东固然有时懒得管事，到他高兴管起事来，把那不妥当的掌柜撵开，却是认为天经地义。还有一件，咱们向来最不喜欢政府扩张权力，干涉人民，咱们是要自己料理自己的事。咱们虽然是最能容忍的国民，倘若政府侵咱们自由超过了某种限度，咱们断断不能容忍。咱们又是二千年来没有甚么阶级制度，全国四万万人都是一般的高，一样的大。一个乡下穷民，只要他有本事，几年间做了当朝宰相，并不为奇；宰相辞官回家去，还同小百姓一样，受七品知县的统治，法律上并不许有什么特权。所以政治上自由、平等两大主义，算是我们中国人二千年来的公共信条。事实上能得到甚么程度，虽然各时代各有不同，至于这种信条，在国民心目中却是神圣不可侵犯。我近来常常碰着些外国人，很疑惑我们没有民治主义的根柢，如何能够实行共和政体。我对他说，恐怕中国人民治主义的根柢，只有比欧洲人发达的早，并没比他们发达的迟；只有比他们打叠的深，并没比他们打叠的浅。我们本来是最"德谟克拉西"的国民，到近来和外国交通，越发看真"德谟克拉西"的好处，自然是把他的本性，起一种极大的冲动作用了。回顾当时清末的政治，件件都是和我们的信条相背，安得不一齐动手端茶碗送客呢？

当光绪、宣统之间，全国有知识有血性的人，可算没有一个不是革命党，但主义虽然全同，手段却有小小差异。一派注重种族革命，说是只要把满洲人撵跑了，不愁政治不清明；一派注重政治革命，说是把民治机关建设起来，不愁满洲人不跑。两派人各自进行，表面上虽象是分歧，目的总是归着到一点。一面是同盟会的人，暗杀咧，起事咧，用秘密手段做了许多壮烈行为；一面是各省咨议局中立宪派的人，请愿咧，弹劾咧，用公开手段做了许多群众运动。这样子闹了好几年，牺牲了许多人的生命财产，直到十年前的今日，机会凑巧，便不约而同的起一种大联合运动。武昌一声炮响，各省咨议局先后十日间，各自开一场会议，发一篇宣言，那二百多年霸占铺产的掌柜，便乖乖的把全盘交出，我们永远托命的中华民国，便头角峥嵘的诞生出来了。这是谁的功劳呢？

可以说谁也没有功劳，可以说谁也有功劳。老实说一句，这是全国人的自觉心，到时一齐迸现的结果。现在咱们中华民国，虽然不过一个十岁小孩，但咱们却是千信万信，信得过他一定与天同寿。从今以后，任凭他那一种异族，野蛮咧，文明咧，日本咧，欧美咧，独占咧，共管咧，若再要来打那统治中国的坏主意，可断断乎做不到了。任凭甚么人，尧舜咧，桀纣咧，刘邦、李世民、朱元璋咧，王莽、朱温、袁世凯咧，若再要想做中国皇帝，可是海枯石烂不会有这回事了。这回革命，就象经过商周之间的革命，不会退回到部落酋长的世界；就象经过秦汉之间的革命，不会退回到贵族阶级的世界。

所以从历史上看来，是有空前绝大的意义，和那红脸打倒黑脸的把戏，性质完全不同。诸君啊，我们年年双十节纪念，纪念个甚么呢？就是纪念这个意义。为甚么要纪念这个意义？为要我们把这两种自觉精神越加发扬，越加普及，常常提醒，别要忘记。如其不然，把这双十节当作前清阴历十月初十的皇太后万寿一般看待，白白放一天假，躲一天懒，难道我们的光阴这样不值钱，可以任意荒废吗？诸君想想啊！

我下半段要说的是十年双十节之乐观。想诸君骤然听著这个标题，总不免有几分诧异，说是现在人民痛苦到这步田地，你还在那里乐观，不是全无心肝吗？但我从四方八面仔细研究，觉得这十年间的中华民国，除了政治一项外，没有那一样事情不是可以乐观的。就算政治罢，不错，现时是十分悲观，但这种悲观资料，也并非很难扫除，只要国民加一番努力，立刻可以转悲为乐。请诸君稍耐点烦，听我说明。

乐观的总根源，还是刚才所说那句老话："国民自觉心之发现。"因为有了自觉，自然会自动；会自动，自然会自立。

一个人会自立，国民里头便多得一个优良分子；个人人会自立，国家当然自立起来了。十年来这种可乐观的现象，在实业、教育两界，表现得最为明显。我如今请从实业方面举几件具体的事例：宣统三年，全国纺纱的锭数，不满五十万锭；民国十年，已超过二百万锭了。日本纱的输入，一年一年的递减，现在已到完全封绝的地步。宣统三年，全国产煤不过一千二三百万吨；民国十年，增加到二千万吨了。还有一件应该特别注意的，从前煤矿事业，完全中国人资本，中国人自当总经理，中国人自当工程师，这三个条件具备的矿，一个也没有，所出的煤，一吨也没有；到民国十年，在这条件之下所产的煤四百万吨，几乎占全产额四分之一了。此外象制丝咧，制面粉咧，制烟咧，制糖咧，制盐咧，农垦咧，渔牧咧，各种事业，我也不必列举统计表上许多比较的数目字，免得诸君听了麻烦，简单说一句，都是和纱厂，煤矿等业一样，有相当的比例进步。诸君试想，从前这种种物品，都是由外国输入，或是由外国资本家经营，我们每年购买，出了千千万万金钱去胀外国人，如今挽回过来的多少呢？养活职工又多少呢？至如金融事业，宣统三年，中国人自办的只有一个大清银行，一个交通银行，办得实在幼稚可笑；说到私立银行，全国不过两三家，资本都不过十万以内。全国金融命脉，都握在上海、香港几家外国银行手里头，捏扁搓圆，凭他尊便。到今民国十年，公私大小银行有六七十家，资本五百万以上的亦将近十家，金融中心渐渐回到中国人手里。象那种有外国政府站在后头的中法银行，宣告破产，还是靠中国银行家来救济整理，中国银行公会的意见，五国银行团不能不表相当的尊重了。诸君啊，诸君别要误会，以为我要替资本家鼓吹。现在一部分的资本家，诚不免用不正当的手段，掠得不正当的利益，我原是深恶痛恨；而且他们的事业，也难保他都不失败。但这些情节，暂且不必多管。我总觉得目前这点子好现象，确是从国民自觉心发育出来："中国人用的东西，为什么一定仰给外国人？"这是自觉的头一步；"外国人经营的事业，难道中国人就不能经营吗？"这是自觉的第二步；"外国人何以经营得好，我们从前赶不上人家的在

什么地方？"这是自觉的第三步。有了这三种自觉，自然
会生出一种事实来，就是"用现代的方法，由中国人自动
来兴办中国应有的生产事业。"我从前很耽心，疑惑中国
人组织能力薄弱，不能举办大规模的事业。近来得了许多
反证，把我的疑惧逐日减少。我觉得中国人性质，无论从
那方面看去，总看不出比外国人弱的地方；所差者还是旧
有的学问知识，对付不了现代复杂的社会。即如公司一
项，前清所办的什有八失败，近十年内却是成功的成数比
失败的多了。这也没甚么稀奇，从前办公司的不是老官场
便是老买办，一厘新知识也没有，如今年富力强的青年或
是对于所办事业有专门学识的，或是受过相当教育常识丰
富的，渐渐插足到实业界，就算老公司里头的老辈，也不
能不汲引几位新人物来做臂膀。简单说一句，实业界的新
人物新方法，对于那旧的，已经到取而代之的地位了。所
以有几家办得格外好的，不惟事事不让外国人，只有比他
们还要崭新进步。刚才所说的是组织方面，至于技术方
面，也是同样的进化。前几天有位朋友和我说一段新闻，
我听了甚有感触，诸君若不厌麻烦，请听我重述一番。据
说北京近来有个制酒公司，是几位外国留学生创办的，他
们卑礼厚币，从绍兴请了一位制酒老师傅来。那位老师傅

头一天便设了一座酒仙的牌位，要带领他们致敬尽礼的去祷拜。这班留学生，自然是几十个不愿意，无奈那老师傅说不拜酒仙，酒便制不成，他负不起这责任，那些留学生因为热心学他的技术，只好胡乱陪著拜了。后来这位老师傅很尽职的在那里日日制酒，却是每回所制总是失败；一面这几位学生在旁边研究了好些日子，知道是因为南北气候和其他种种关系所致，又发明种种补救方法，和老师傅说，老师傅总是不信。后来这些学生用显微镜把发酵情状打现出来，给老师傅瞧，还和他说明所以然之故，老师傅闻所未闻，才恍然大悟的说道："我向来只怪自己拜酒仙不诚心，或是你们有什么冲撞，如今才明白了完全不是那么一回事。"从此老师傅和这群学生教学相长，用他的经验来适用学生们的学理，制出很好的酒来了。这段新闻，听著象是琐碎无关轻重，却是"科学的战胜非科学的"真凭实据。又可见青年人做事，要免除老辈的阻力而且得他的帮助，也并非难。只要你有真实学问再把热诚贯注过去，天下从没有办不通的事啊。我对民国十年来生产事业的现象，觉得有一种趋势最为可喜，就是科学逐渐占胜。科学的组织，科学的经营，科学的技术，一步一步的在我们实业界中得了地盘。此后凡属非科学的事业，都要跟著时势，变计改良，倘其不然，就要劣败淘汰去了。这种现象，完全是自觉心发动扩大的结果，完全是民国十年来的新气象。诸君想想，这总算够得上乐观的好材料罢。

在教育方面，越发容易看得出来。前清末年办学堂，学费、膳费、书籍费，学堂一揽千包，还倒贴学生膏火，在这种条件底下招考学生，却是考两三次还不足额。如今怎么样啦？送一位小学生到学校，每年百打百块钱，大学生要二三百，然而稍为办得好点的学校，那一处不是人满。为什么呢？

这是各家父兄有极深刻的自觉，觉得现代的子弟非求学问不能生存。在学生方面，从前小学生逼他上学，好象拉牛上树，如今却非到学堂不快活了；大学生十个里头，总有六七个晓得自己用功，不必靠父师督责。一上十五六岁，便觉得倚赖家庭，是不应该的，时时刻刻计算到自己将来怎样的自立。从前的普通观念，是想做官才去读书，现在的学生，他毕业后怎么的变迁，虽然说不定，若当他在校期间，说是打算将来拿学问去官场里混饭吃，我敢保一千人里头找不着一个。以上所说这几种现象，在今日看来，觉得很平常，然而在十年前却断断不会有的。为甚么呢？因为多数人经过一番自觉之后才能得来，所以断断不容假借。讲到学问本身方面，那忠实研究的精神，一天比一天增长。固然是受了许多先辈提倡的影响，至于根本的原因，还是因为全国学问界的水平线提高了，想要学十年前多数学生的样子，靠那种"三板斧""半瓶醋"的学问来自欺欺人，只怕不会站得住。学生有了这种自觉，自然会趋到忠实研究一路了。既有了研究精神，兴味自然是愈引愈长，程度自然是愈进愈深。近两年来"学问饥饿"的声浪，弥漫于青年社会。须知凡有病的人，断不会觉得饥饿，我们青年觉得学问饥饿，便可证明他那"学问的胃口"消化力甚强；消化力既强，营养力自然也大。咱们学问界的前途，谁能够限量他呢？有人说："近来新思潮输入，引得许多青年道德堕落，是件极可悲观的事。"这些话，老先生们提起来，什有九便皱眉头。依我的愚见，劝他们很可以不必白操这心。人类本来是动物不是神圣，"不完全"就是他的本色。现在不长进的青年固然甚多，难道受旧教育的少爷小姐们，那下流种子又会少吗？不过他们的丑恶遮掩起来，许多人看不见罢了。凡一个社会当过渡时代，鱼龙混杂的状态，在所不免，在这个当口，自然会有少数人走错了路，成了时代的牺牲品。但算起总帐来，革新的文化，在社会总是有益无害。因为这种走错路的人，对于新文化本来没有什么领会，就是不提倡新文化，他也会堕落。那些对于新文化确能领会的人，自然有法子鞭策自己、规律自己，断断不至于堕落。不但如此，那些借新文化当假面具的人，终久是在社会上站不住，任凭他出风头出三两年，毕竟要屏出社会活动圈以外。剩下这些在社会上站得住的人，总是立身行己，有些根柢，将来新社会的建设，靠的是这些人，不是那些人。所以我对于现在青年界的现象，觉得是纯然可以乐观的。别人认为悲观的材料，在我的眼内，都不成问题。

以上不过从实业、教育两方面立论，别的事在今天的短时间内恕我不能多举。总起来说一句，咱们十个年头的中华民国，的确是异常进步。前人常说：理想比事实跑得快。照这十年的经验看来，倒是事实比理想跑得快了。因为有许多事项，我们当宣统三年的时候，绝不敢说十年之内会办得到，哈哈！如今早已实现了。尤可喜的是，社会进步所走的路，一点儿没有走错。你看，近五十年来的日本，不是跑得飞快吗？

可惜路走歪了，恐怕跑得越发远，越发回不过头来。我们现在所走的，却是往后新世界平平坦坦的一条大路；因为我们民族，本来自由平等的精神是很丰富的，所以一到共和的国旗底下，把多年的潜在本能发挥出来，不知不觉，便和世界新潮流恰恰相应。现在万事在草创时代，自然有许多不完全的地方，而且常常生出许多毛病，这也无庸为讳。但方向既已不错，能力又不缺乏，努力前进的志气又不是没有，象这样的国民，你说会久居人下吗？还有一件，请诸君别要忘记：

我们这十年内社会的进步，乃是从极黑暗、极混乱的政治状态底下，勉强挣扎得来。人家的政治，是用来发育社会；我们的政治，是用来摧残社会。老实说一句，十年来中华民国的人民，只算是国家的孤臣孽子。他们在这种境遇之下，还挣得上今日的田地，倘使政治稍为清明几分，他的进步还可限量吗？

讲到这里，诸君怕要说："梁某人的乐观主义支持不下去了。"我明白告诉诸君，我对于现在的政治，自然是十二分悲观；对于将来的政治，却还有二十四分的乐观哩！到底可悲还是可乐，那关键却全在国民身上。国民个个都说"悲呀，悲呀！"那真成了旧文章套调说的"不亦悲乎"！只怕跟著还有句"呜呼哀哉"呢！须知政治这样东西，不是一件矿物，也不是一个鬼神，离却人没有政治，造政治的横竖不过是人。所以人民对于政治，要他好他便好了，随他坏他便坏了。须知十年来的坏政治，大半是由人民纵坏。今日若要好政治，第一，是要人民确然信得过自己有转移政治的力量；第二，是人民肯把这分力量拿出来用。只要从这两点上有彻底的自觉，政治由坏变好，有什么难？拿一家打譬，主人懒得管事，当差的自然专横，专横久了，觉得他象不知有多大的神通，其实主人稍为发一发威，那一个不怕？现在南南北北甚么总统咧，巡帅咧，联帅咧，督军咧，总司令咧，都算是素来把持家政的悍仆，试问他们能有多大的力量，能有多久的运命？眼看著从前在台面上逞威风的，已经是一排一排的倒下去，你要知道现时站在台上的人结果如何，从前站的人就是他的榜样。我们国民多半拿军阀当作一种悲观资料，我说好象怕黑的小孩，拿自己的影子吓自己。须知现在纸糊老虎的军阀，国民用力一推，固然要倒，就是不推他也自己要倒。不过推他便倒得快些，不推他便倒得慢些。

他们的末日，已经在阎罗王册上注了定期，在今日算不了什么大问题。只是一件，倘若那主人还是老拿著不管事的态度，那么这一班坏当差的去了，别一班坏当差的还推升上来，政治却永远无清明之日了。讲到这一点吗，近来许多好人打著不谈政治的招牌，却是很不应该；社会上对于谈政治的人，不问好歹，一概的厌恶冷淡，也是很不应该。国家是谁的呀？政治是谁的呀？正人君子不许谈，有学问的人不许谈，难道该让给亡清的贪官污吏来谈？难道该让给强盗头目来谈？难道该让给流氓痞棍来谈？我奉劝全国中优秀分子，要从新有一种觉悟："国家是我的，政治是和我的生活有关系的。谈，我是要谈定了；管，我是要管定了。"多数好人都谈政治，都管政治，那坏人自然没有站脚的地方。

再申说一句，只要实业界、教育界有严重监督政治的决心，断不愁政治没有清明之日。好在据我近一两年来冷眼的观察，国民吃政治的苦头已经吃够了，这种觉悟，已经渐渐成熟了。我信得过我所私心祈祷的现象，不久便要实现。方才说的对于将来政治有二十四分乐观，就是为此。

诸君，我的话太长了，麻烦诸君好几点钟，很对不起。但盼望还容我总结几句。诸君啊，要知道希望是人类第二个生命，悲观是人类活受的死刑！一个人是如此，一个民族也是如此。古来许多有文化的民族，为甚么会灭亡得无影无踪呀？

因为国民志气一旦颓丧了，那民族便永远翻不转身来。我在欧洲看见德奥两国战败国人民，德国人还是个个站起了，奥国人已经个个躺下去，那两国前途的结果，不问可知了。我们这十岁大的中华民国，虽然目前象是多灾多难，但他的禀赋原来是很雄厚的，他的环境又不是和他不适，他这几年来的发育，已经可观，难道还怕他会养不活不成？养活成了，还怕没有出息吗？只求国民别要自己看不起自己，别要把志气衰颓下去，将来在全人类文化上，大事业正多着哩。我们今天替国家做满十岁的头一回整寿，看著过去的成绩，想起将来的希望，把我欢喜得几乎要发狂了。我愿意跟著诸君齐声三呼："中华国民万岁！"

从世界到中国：重新检视
"五四"的文化遗产

韩毓海

作为一场伟大的思想解放运动，五四运动起码打破了两个迷信：对于几千年帝制的迷信和对西方资本主义道路及其政治体制的迷信。不但要为苦难的中国，而且还要为世界和全人类寻找出路，这就是五四运动先驱者们的胸怀、视野、抱负、理想和担当，也是我们今天所要继承的宝贵精神遗产。五四运动作为思想解放运动的意义，就在于摆脱传统的教条和洋教条，开辟一条中国的现代道路，历史证明：正是五四运动所开辟的这条道路，既改变了中国，也改变了世界。

五四运动发生在 1919 年，到 2023 年正好是 104 周年。一个多世纪的时间跨度拉开后，我们可以更清晰地看到，无论在中国历史上还是世界现代史上，五四运动都是一个划时代的历史事件。

　　当然，随着时代的发展，在思想界、学术界，对五四运动的思考也有一些变化。例如，近几十年来，学术界对五四运动就有一些新的看法。像现代文艺理论家周扬（1908 —1989）的《三次伟大的思想解放运动》、近代史专家胡绳（1918 —2000）的名著《从鸦片战争到五四运动》、哲学家李泽厚（1930 —2021）的《启蒙与救亡的双重变奏》，都代表了对五四运动的再思考。

　　其中，李泽厚先生"救亡压倒启蒙"的观点，更引发了关于一系列重要的思想史问题的深入讨论。比如：启蒙运动与现代建国运动，特别是人民民主的革命运动之间的关系究竟怎样？以人民民主的方式建立平等的国民认同，这是否也是启蒙的目标？等等。

李泽厚的文章并没有否定五四运动，但文章的逻辑中确实包含着对五四运动批判性的评价。现在还有一个问题就是五四运动和晚清的关系，如哈佛大学东亚系主任王德威教授提出"没有晚清，何来'五四'"的说法，与周扬、胡绳、李泽厚等的看法都有不同。王德威认为五四运动提出来的问题，特别是现代化的问题，包括科学和自由，乃至现代／西方、传统／中国这样的认识问题的方式，在晚清时的洋务运动和戊戌变法中都已经提出了。既然如此，五四运动的创造性在哪儿？它的独特性究竟在什么地方？我们应该怎样认识五四运动的意义和特殊性？当代还有一些更简单粗暴的批评，就是指责五四运动"全面反传统"，但是，如果我们检视五四运动留下的文化遗产，这个说法是很难成立的。

更有甚者，现在海内外有人认为：五四运动的历史意义完全是由中国共产党在 20 世纪三四十年代为了政治需要而"编造"出来的，是毛泽东在《五四运动》《青年运动的方向》《新民主主义论》《中国革命与中国共产党》这些重大历史文献中"虚构"出来的。甚至还有人认为五四运动以及中国革命打断和干扰了中国现代化的步伐，因此需要对"'五四'的虚构"进行"解构"。

这些问题既是学术问题，也有鲜明的现实针对性。今天，如果我们不能回答五四运动所面对的各种各样的挑战与质疑，那么就可能会在一些重大的历史事实上背离实事求是的基本原则。

五四运动是中国现代史的转折点，它标志着不彻底的资产阶级革命的终结，同时也标志着与工农相结合的先进知识分子所领导的、以农民为主体的、彻底的人民民主革命的开始。五四运动所倡导的"平民主义"的文化趋向，代表了中国知识分子理解、对待社会和民众的态度及立场的巨大转变，开辟了先进青年知识分子走向中国社会基层，实现与工农相结合的人间正道。包括北京大学所提倡的"平民教育"和"勤工俭学"的教育理想，不仅对中国科学和教育的发展影响重大，而且也为中国共产党的诞生做了干部储备上的准备。

当然，用描述法国大革命的"启蒙"与"救亡"这两大主题来观察五四运动，也可以给我们带来一定的启发。众所周知，一开始由启蒙知识分子所领导的法国革命的不彻底性，就在于它没有满足和回应占法国社会大多数的小农的利益和要求。所以，资产阶级的革命不但没有使法国摆脱危机，而且使整个法国陷入混乱。随后，拿破仑以

"法兰西民族"的名义所锻造的、以农民为主体的现代军队，完成了资产阶级启蒙知识分子想要完成，但却没有完成的建立现代民族国家的任务。因此，马克思赞扬过拿破仑将农民引向进步的资产阶级革命的历史首创精神。

而在 20 世纪上半叶，以毛泽东为代表的中国共产党人，则创造了一整套在世界上最大的农民国家里，如何变资产阶级的启蒙运动为人民民主革命，变以少数精英为主体的政治乌托邦为以土地革命为主体的现代建国实践的新民主主义道路。历史已经雄辩地证明，中国现代历史的根本转折，正是以人民民主的方式（包括以民族救亡的方式），动员、联合和唤醒全中国人民，完成了资产阶级启蒙运动所根本不可能完成的建立现代国家、使中华民族摆脱帝国主义压榨的伟大历史使命。

在这个意义上，我们当然可以理直气壮地说：以五四运动为先导的伟大的中国革命，是法国大革命在世界范围内最辉煌的继承人，而中国共产党人则是五四运动所昭示的历史首创精神的真正代表。

作为一场伟大的思想解放运动，五四运动起码打破了两个迷信：对于几千年帝制的迷信和对西方资本主义道路及其政治体制的迷信。不但要为苦难的中国，而且还要为世界和全人类寻找出路，这就是五四运动先驱者们的胸怀、视野、抱负、理想和担当，也是我们今天所要继承的宝贵精神遗产。五四运动作为思想解放运动的意义，就在于摆脱传统的教条和洋教条，开辟一条中国的现代化道路，历史证明：正是五四运动所开辟的这条道路，既改变了中国，也改变了世界。

我们知道，五四运动是在第一次世界大战与巴黎和会的历史背景下爆发的。第一次世界大战对整个世界产生了划时代的影响，首先就在于它暴露了欧洲民族国家形式的政治体制存在很大的问题。

欧洲的"文明国家"怎么会陷入这么残酷的互相屠杀？欧洲在这方面有反思，德国哲学家奥斯瓦尔德·斯宾格勒（Oswald Arnold Gottfried Spengler，1880—1936）的《西方的没落》就是一个典型代表；而这同样也是五四新文化运动一个很重要的内容，我们可以看到，当时国内有很多关于"中西文明比较"甚至"优劣"的讨论，就是在这样的背景下展开的。

在五四新文化运动之前，人们对欧洲文明特别是欧洲现代政治文明很少怀疑，更很少有人能把 19 世纪以来欧洲民族国家之间的关系、现代欧洲国家体系理解为通过武力和资本积累所保持的一种平衡。同时，欧洲民族国家和资本主义制度以及资产阶级的关系，这时也被全世界越来越清楚地认识到。正如历史学家查尔斯·蒂利（Charles Tilly，1929—2008）在《强制、资本和欧洲国家（公元900—1992年）》这本经典著作中所说的那样，欧洲民族国家的规模是由战争的规模决定的，而战争的规模则是由为战争提供贷款的资本家和银行家决定的，这就是欧洲民族国家和资本主义关系的实质。

在16世纪以来欧洲各个政治体之间旷日持久的战争过程中，在18世纪以来欧洲以争夺海洋霸权为起因的对于非洲、美洲和亚洲的殖民战争过程中，才逐渐产生了权力集中和资本积累紧密联系的、欧洲式的民族国家体制，这个体制的实质是强制和资本积累。

这样认识问题的视野和方式，在晚清的时候当然不可能达到，因为全世界都是通过第一次世界大战才逐渐开始认识到的。中国也是这样。而日本在明治维新之后作为新的帝国主义国家的崛起，表明了这种欧洲式的民族国家体制被复制到东方和亚洲所产生的后果。五四运动直接源于对日本接管德国在山东的殖民地的抗议，而这种抗议本身就包含着对于19世纪欧洲式的民族国家强权体制、霸权体制的批判和拒绝。

我们以在新文化运动中起过重要作用的《东方杂志》为例。在当时，这本刊物充满了对于国际形势的讨论，即使今天看来，这些讨论也是非常新颖、深刻和全面的。它全面评述了第一次世界大战的起因、战局发展情况，特别是第一次世界大战会对中国产生什么样的影响。更为重要的是，这些讨论，呈现出一个由战争所造成的全新的世界局势和全新的世界结构，这种全新的认识世界的方式，对当时的中国知识界震动非常大。

后来，《东方杂志》相当一部分作者变成了《青年杂志》的作者，比如胡适就是其中之一。他曾经提出的"建立军队还不如建立大学更好"，也是在欧洲战争的背景下才有的观点。所以，第一次世界大战是五四运动的一个重要背景，它使中国乃至世界对于欧洲政治文明的历史和实质有了超出晚清的更为深刻的认识和洞察。

第一次世界大战后也出现了不同的国家发展道路。

首先是美国。美国在第一次世界大战中迅速崛起，但美国当时主要的表现并不是直接参战，而是大规模地向欧洲提供战争贷款。以前在欧洲，战争贷款都是在欧洲内部的大资本家、大银行家当中筹措，但这次不一样，美国作为一个"国家"，以发行"公共债券[1]"的方式成了欧洲的债主，欧洲资产阶级沦为美国国家和"美国人民"的债务人。这不但反映出欧洲在经济上起码相对于美国是不行了，更重要的是美国的迅速兴起，显然与它不同于欧洲的国家体制有关，这就是指美国的"平民主义"政治体制。

马克思在《资本论》的序言中曾经说到美国的特殊性，他说美国的阶级关系相对欧洲来说要简单。因为都是移民，所以美国没有欧洲的贵族传统，这种"天然的平民主义"与欧洲完全不一样。法国政治社会学家阿历克西·德·托克维尔（Alexis de Tocqueville，1805—1859）在《论美国的民主》中也认为，美国没有贵族，所以很容易产生"国家的专制"或者"大多数人的专制"即"平民的专制"。二者虽然结论不同，但出发点是相同的。在五四运动之前的中国，魏源曾经在《海国图志》[2]中讴歌过美国独立战争，他把美国的独立看成是反抗欧洲帝国主义宰制的成功方式。但是，只有在第一次世界大战之后，全世界才认识到，欧洲确实不是唯一的榜样，欧洲式的道路起码不是唯一的出路，更认识到欧洲文明的问题。在这样的背景下，在相当一部分人看来，自由、民主、富强的更佳范本是美国，特别是美国民主和共和制度所保障的

"平民主义"传统。

其次是苏维埃政权的诞生。苏联用一种与整个欧洲资本主义体系"脱钩"的方式，走出了另一条路。晚清时代，很多人都认为不跟着欧洲走是没有希望、没有出路的，可是第一次世界大战之后，苏联却成功地"脱钩"了。当时中国知识界迫切地想知道苏联和欧洲"脱钩"的后果，包括是否一旦与欧洲"脱钩"，这个国家就会"饿死"。因此，《晨报》才派瞿秋白前去考察。他写了《饿乡纪程》[3]和《赤都心史》[4]，让中国知识界认识到在欧洲之外有新的道路。这就是后来我们说的"十月革命一声炮响，给我们送来了马克思列宁主义"。

第一次世界大战向全世界提出了一个划时代的课题，这个课题用梁启超的话来说就是：欧洲文明的迷梦破产了。它也迫使中国选择一条新的道路，这就是工农联盟、人民民主的现代化道路。

还有一个问题很重要。1840 年以来，在整个晚清时期，中国的角色当然就是向西方（主要是欧洲）学习，老老实实、亦步亦趋做欧洲的"学生"，尽管"先生不断打学生"，但一代代中国人为了国家富强、民族生存，还是要向西方学习，要走西方的道路。但是五四运动之后，这种情况被扭转了。同时，它即使不是从根本上，也是在极大的程度上扭转了晚清以来中国／传统、西方／现代的观察问题的基本方式。

五四新文化运动使得当时世界上先进的知识分子，特别是西方的先进知识分子，把思想和探索的焦点转向中国，转向北京、上海和南京，而不是欧洲，更不是日本。中国成为现代人类思想、文化发展的焦点，成为探索新的人类现代化道路的起点，这也是自晚清以来的第一次。因此，五四新文化运动的价值在于它的世界影响，在于它在现代世界视野中的价值。我们必须充分认识到：五四新文化运动不仅仅是中国的，更是世界的。

最好的例子是罗素（Bertrand Arthur William Bussell，1872—1970）和杜威（John Dewey, 1859—1952），作为当时西方世界最伟大的两位思想家、西方最核心的两位学者，他们都是在五四运动期间来到中国的，他们不但观察五四运动，也亲身参与到新文化运动的思想论辩中。而他们自己观察世界的方式，他们的思想体系本身，也都是在中国发生了重大的转变。

我们都知道，罗素和杜威的思想极大地影响了中国和中国知识界；其实，新文化运动更是极大地影响了罗素和杜威思想的发展和转变，关于这一点，我们以前很少意识到。在新文化运动中，"学生"影响了"先生"、改变了"先生"，这也是自 1840 年以来的第一次。

在结束了不愉快的日本之行后，美国哲学家杜威于 1919 年 4 月抵达中国，恰赶上了 5 月的五四运动，中国知识界的创造性和思想活力、中国社会广泛的民主诉求，与战后萧条、悲观的欧洲和军国主义统治的保守日本恰成反照。这不但改变了他原初的行程（杜威本来打算在中国待一个月，结果留住了两年），更改变了他的思想，改变了他对世界形势和人类命运的估计。他认为，任何一个真正想了解亚洲和东方，任何一个想真正了解人类未来命运者，今天的中国就是寻找答案的地方。他还认为，中国一定不会走精英教育的道路，一定会开创一条教育与劳动、知识与社会相结合的现代知识道路。

英国哲学家罗素访华后，在 1922 年完成了《中国问题》一书。正是通过对第一次世界大战后欧、美、日关系的分析，罗素预见了下一次帝国主义战争不可避免，也正是亲历了五四新文化运动，罗素才预言了中国必将找到一条不同于西方的古老文明走向现代化的道路。1965 年，当这本写于 43 年前的五四运动中的著作再版时，抚今追昔，罗素这样欣慰地写道:"中国人民历经磨难,他们伟大的英雄主义拯救了他们,他们应该成功。祝愿中国成功!"

因此,只有在第一次世界大战的国际背景下,我们才能认识五四运动和新文化运动的意义,这个意义不仅是对中国,而且是对整个世界。只有在一个真实的国际背景下,我们才能理解五四运动所开创的中国现代化道路的价值和意义。

有很多学者,包括从这样那样的角度对五四运动提出尖锐批评的人,他们当然都提出了值得人们思考的问题,像任何历史运动一样,五四运动当然有它的局限性,但是从最根本的意义上看,这些五四运动的批判者起码是忘记了去真实地观察当时的世界形势,对五四运动时代的世界视野、天下胸怀、人类担当和政治决断缺乏足够的理解和同情。而这些情怀与素质,恰恰是我们应该向五四运动先驱者们学习的遗产。

任何思想,任何知识,我们一方面追求它客观性的具体来源,但同时也应该追求它的历史性,不在特定的历史背景之下,怎么能够做出判断呢?欧洲的知识,包括"启蒙"当然都不是普遍的,而是在具体的历史情境中产生的。

由此,我们可以说:五四运动是划时代的,它当然不同于晚清；而且它也没有简单地反传统，它是反"传统主义"。"传统主义"把传统变成了一种意识形态。举个例子，就是尊孔读经变成袁世凯复辟的意识形态，所以它才反对这个尊孔读经。与某些人断言的恰恰相反，五四运动以科学和民主的方式，极大地推进了中国传统文化的研究发展，鲁迅的《中国小说史略》《汉文学史纲要》，历史学家顾颉刚（1893—1980）的中国民间文化研究，胡适的中国哲学史研究，都是新文化运动的成果，这是有目共睹的事实。用美籍华人学者唐德刚（1920—2009）的话来说，五四运动完成了中国传统文化研究"范式"的革命。

五四运动开创了一条把人类五分之一的人口有效动员起来、组织起来、团结起来，以改变不合理的世界秩序、实现中华民族的伟大复兴、实现劳动者当家做主为目标的现代化道路，即中国道路。这是不同于西方、不同于传统的道路。今天，我们依然走在五四运动所开创的这条中国的、人民的现代化道路上。这是一个基本的结论。在我看来，起码到今天为止，各式各样的五四运动质疑者和批判者，依然无法动摇这样一个基本的历史结论。

注释

1. 公共债券，向社会公开发行的债券。

2.《海国图志》，作者魏源，一部介绍西方国家科学技术和世界地理历史知识的综合性图书。

3.《饿乡纪程》，作者瞿秋白，1922 年出版，真实地报道了十月革命胜利之后的苏俄现实。

4.《赤都心史》，作者瞿秋白，1924 年出版，记述他在考察莫斯科时的见闻，描绘了十月革命胜利初期苏俄社会生活。

遵义会议：党的历史上的转折点

金冲及

进入贵州时，红军已处在千钧一发的生死关头。如果再沿着这条路走下去，党和红军必将被完全断送。事实是最好的老师。矛盾的激化也表明，长期存在的问题已到了非解决不可的时候了。党和红军中大多数人在惨痛的事实教育下，认识到再也不能照那条错路继续走下去。遵义会议就是在这种情况下召开的。这是中国共产党第一次完全独立自主地根据实际情况作出历史性决断的会议。

2015 年是遵义会议召开 80 周年。对遵义会议的历史地位，中共中央在 1945 年的历史问题决议中有明确的论断——它"是中国党内最有历史意义的转变"；在 1981 年的历史问题决议中又指出："这在党的历史上是一个生死攸关的转折点"。任何重要历史事件都必须放在整个历史发展进程中来考察，才能真正理解它的意义。既然遵义会议是党的历史上的转折点，就要用长时段的眼光，从中国共产党整个历史发展进程来考察，对遵义会议以前和以后党的状况进行比较，看发生了怎样的根本性变化，才能更清晰、更深刻地认识这次会议的历史地位。

一、分歧的实质

　　亲身经历过这场巨大变化的陆定一同志，在遵义会议 9 年后说过一段没有引起人们足够重视的话。大意是，它在党史上是个很重要的关键，在内战时期党内有两条路线：一条是"左"倾机会主义的路线，一条是以毛主席为代表的正确的路线。遵义会议是由错误路线转变到正确路线的关头。他以一个过来人的身份指出，不了解当时的情况，很难了解这个决议。这句话说到点子上了。那时共产国际刚刚解散，他的话还不便说得更明白。其实，他所说的"两条路线"是两种指导思想：前者就是把马克思主义教条化，把共产国际的指示和决定神圣化，一切听从它的指挥，在十年内战时期表现为"左"的机会主义错误，王明和早期的博古是其主要代表；后者是把马克思主义基本原理同中国革命实际相结合，独立自主，坚持一切从中国实际出发，依靠中国人自己的力量去夺取胜利，毛泽东同志是其主要代表。这是两种截然不同的指导思想。遵义会议前，前者在中共中央占有优势；遵义会议后，后者在中共中央取得了优势地位。这个变化可以称得上是中国共产党历史上的转折点，与党和国家命运的关系太大了；而取得这个变化，实在极不容易。

为什么会出现把马克思主义教条化、把共产国际指示神圣化的现象，而且这种现象长时间在中共中央居于统治地位？这反映了中国共产党当时还处在不成熟的幼年时期，也源于中国革命的极端复杂性和极端曲折性。

中国共产党从成立时起就把马克思主义的科学真理作为指导思想，从而使中国革命的面目为之一新。但正如列宁在 1919 年 11 月向东方的共产主义者所指出的那样，你们面临着全世界共产党人所没有遇到过的一个任务，就是你们必须以共产主义的一般理论和实践为依据，适应欧洲各国所没有的特殊条件，善于把这种理论和实践运用于主要群众是农民、需要解决的斗争任务不是反对资本而是反对中世纪残余这样的情况。这是一个困难而特殊的任务，但又是一个能收到卓著成效的任务。而这个任务只能在实践中经过反复探索才能完成。在开始时，很多人容易无视本国的特点，把书本上的东西当作教条加以绝对化。

再说共产国际和中国革命的关系。这是一个十分重要而又相当复杂的问题，需要进行具体分析。周恩来同志说过，毛泽东同志说，它是两头好，中间差。两头好，也有一些问题；中间差，也不是一无是处。这是一个实事求是、恰如其分的论断。

"两头好"，包括它的早期。中国共产党的成立，第一次国共合作的形成，共产国际都起了不可忽视的积极作用。对幼年时期的中国共产党来说，共产国际的这种帮助十分重要，但确实也有一些问题。共产国际对中国的实际情况了解太少，派到中国来指导工作的代表很多并不高明，大革命的失败同他们指导中的错误有重大关系。

"中间差"，主要是指土地革命时期我们党内三次"左"倾错误都同共产国际有关。第一次"左"倾错误集中体现在 1927 年 11 月中共中央临时政治局会议通过的《中国现状与党的任务决议案》中，认为"现时全中国的状况是直接革命的形势"，向全党提出"创造总暴动的局面"的任务。这个决议案是在共产国际代表罗米那兹指导下起草的。第二次"左"倾错误（就是"立三路线"）也直接受到共产国际十次全会大力开展反右倾斗争和共产国际给中共中央四封指示信的影响。指示信说：中国进到了深刻的全国危机底时期。现在已经可以开始，而且应当开始准备群众去用革命方法推翻地主资产阶级的联盟，去建立苏维埃形式的工农专政。当然，共产国际在这段时间里也不是一无是处，如中共六大在共产国际指导下指明的中国革命性质、形势和策略方针是基本正确的。由于中国共产党当时是共产国际的一个支部，共产国际对它不仅有巨大的思想影响，而且有严格的组织约束，重大问题必须执行共产国际的指示并经过共产国际批准，要突破和改变这种格局极为不易。

为什么尽管"左"的错误多次在中共中央居于支配地位，但中国内部仍能出现并发展起一批从中国实际出发、建立农村革命根据地的成功范例？那是因为不少在第一线做实际工作的领导人在实践摸索中积累起新的经验和认识，逐渐明白：只有这样做才能生存和发展，否则只有走向灭亡。而当时中共中央一直留在中心城市上海，工作重心放在城市工作方面，同根据地的通信联系十分不便，因而干预比较少。

这样就逐步形成了中国共产党内两种不同指导思想之间的根本分歧。

二、矛盾的激化

从 1931 年 1 月中共六届四中全会起，"左"倾教条主义在中央取得统治地位。在推行"左"倾教条主义错误方面，比起前两次严重得多，所造成的危害要大得多，时间更长达 4 年。

刚从苏联回国不久、缺乏实际革命经验、只会搬用那些书本教条来吓唬人、主观主义地发号施令的王明等人，得到共产国际代表和远东局更大的支持，成为中共中央的主要领导人。他们自称"百分之百的布尔什维克",提出要"为中共更加布尔什维克化而斗争",把不顾敌我力量对比实际情况的"进攻路线"称为"国际路线",极端夸大革命力量,把反动统治势力看得不堪一击,认为革命和反革命之间已到了决战阶段;而把坚持从中国实际情况出发、趋利避害、灵活机动从而取得一系列反"围剿"战争胜利的正确主张斥为怠工、逃跑的"右倾机会主义",进行"残酷斗争、无情打击"。他们有系统地向全国各地派遣中央代表、中央代表机关或新的领导干部,来贯彻他们的"反右倾"运动。

1933 年初,以博古为首的临时中央由于在城市工作中遭到严重失败,被迫迁入中央苏区,直接把持了革命根据地和红军的一切大权。这是以往不曾有过的。他们在反对"罗明路线"[1] 的口号下,严厉打击、排斥以致惩办从实际情况出发、坚持根据地历来实行的正确主张的各方面领导人。毛泽东同志被剥夺党、政、军各方面的领导权,处于"靠边站"的地位。由临时中央召集的六届五中全会是第三次"左"倾错误发展的顶点。会议盲目地判断中国的革命危机已到了新的尖锐的阶段——直接革命形势在中国存在着,说第五次反"围剿"斗争即是争取中国革命完全胜利的斗争，这一斗争将决定中国的"革命道路与殖民地道路之间谁战胜谁的问题"。在军事上，共产国际远东局派来的军事顾问李德，把第一次世界大战时期的经验和从苏联军事学校学来的条条硬搬到中国来，反对游击战，硬打阵地战，同强大的敌人死拼。这种"左"倾错误气焰之高、打击异己手段之狠，在党以往的历史上不曾有过。尽管党和红军中一些领导人仍提出不同意见，但并不能扭转和改变这种状况。最终，第五次反"围剿"失败，红军被迫长征。

这是中国共产党继大革命失败后一次最重大的失败，使党和红军面临极端严重的危机。但长征开始时，党和红军的领导权仍掌握在"左"倾教条主义者手中。他们不顾周围的实际情况，采取直线式行军，又导致抢渡湘江时的惨重损失。进入贵州时，红军已处在千钧一发的生死关头。如果再沿着这条路走下去，党和红军必将被完全断送。事实是最好的老师。矛盾的激化也表明，长期存在的问题已到了非解决不可的时候了。党和红军中大多数人在惨痛的事实教育下，认识到再也不能照那条错路继续走下去。遵义会议就是在这种情况下召开的。这是中国共产党第一次完全独立自主地根据实际情况作出历史性决断的会议。

三、历史的转折

遵义会议直接解决的是军事问题和组织问题，这是当时具有决定意义而又有可能解决的问题，但它的意义并不限于这两个问题，这两个问题反映的是两种指导思想、两种方法论的根本对立。陆定一同志在 1944 年讲解遵义会议决议时说，军事问题的讨论是放在第一位的。但会议的本质是反机会主义的开始。他举例说："过去估计敌我力量都不是从实际出发，如说国民党已经崩溃了，帝国主义就要垮台""我们要学习毛主席，在工作中从实际出发"。毛泽东同志 1963 年同外宾谈话时更明确地说道，真正懂得独立自主是从遵义会议开始的。这次会议批判了教条主义。教条主义者说苏联一切都对，不把苏联的经验同中国的实际相结合。这次会议解决了中国共产党面对的一个根本问题：究竟一切按共产国际和"左"倾教条主义的指挥行事，还是独立自主地从中国国情出发走自己的路。会后，党和红军立刻呈现全新的面貌，显示出强大的生机和活力。四渡赤水，直入云南，抢渡金沙江和大渡河，同红四方面军会合；摆脱新发生的内部危机，挥师北上，到达陕北，取得长征的胜利。

当时担任红军总参谋长的刘伯承同志回忆道，遵义会议以后，我军一反以前的状态，好像忽然获得了新的生命，迂回曲折，穿插于敌人之间，以为我向东却又向西，以为我渡江北上却又远途回击，处处主动，生龙活虎，左右敌人。我军一动，敌又须重摆阵势，因而我军得以从容休息，发动群众，扩大红军。待敌部署就绪，我们却又打到别处去了，弄得敌人扑朔迷离，到处挨打，疲于奔命。这些情况和"左"倾路线统治时期相对照，全军指战员更深刻地认识到：毛主席的正确的路线，和高度发展了的马克思主义的军事艺术，是使我军立于不败之地的唯一保证。

为什么同样是这支中央红军，在长征初期处处被动挨打，造成重大损失，而在遵义会议后便犹如生龙活虎，取得如此巨大的胜利？发生这样令人耳目一新的变化，原因便在于从教条主义的僵硬束缚下解放出来，独立自主地坚持从实际出发，敢于大胆地灵活地采取被实践证明行之有效的决断和行动，冲破万难，终于闯出一条新路来。

四、新传统的形成

当然，不可能在一次会议上解决所有问题，特别是全党还来不及从思想根源上深入总结造成以往种种错误的教训。这需要有一个过程。但只要将遵义会议以前和以后对比一下，就会清楚地看到：中国共产党从指导思想到实际工作由什么占主导地位确实已起了根本变化，进入一个新的阶段。

这以后，又经过瓦窑堡会议、抗日战争爆发、六届六中全会、全党整风到党的七大。现在，很多人对那次整风运动的真实情况和深远意义了解太少，有的还存在误解或曲解，把某些支流说成主流。其实，那次整风运动最集中的内容不是别的，就是反对主观主义尤其是教条主义，要求尊重客观实际，把"实事求是"放在最突出的地位。它的方法是要求各级干部结合以往自己和党的实际工作经历中的成败得失进行总结，看清楚只有当主观符合客观时才能取得成功，如果只凭主观行事而违背客观实际就会碰钉子或导致失败。这自然比一般空泛的议论有效得多。陈云同志在1943年系统地读了毛泽东同志起草的全部文件、电报后说，感到里面贯穿着一个基本指导思想，就是实事求是。整风运动的最大成果是什么？就是使这种观念从此在中国共产党内深入人心。这是它最重要的意义所在。这是又一次思想大解放。不了解这一点，就不可能真正懂得这次整风运动。接着，中共六届七中全会扩大会议通过《关于若干历史问题的决议》；中共七大通过的《中国共产党党章》明确规定："中国共产党，以马克思列宁主义的理论与中国革命的实践之统一的思想——毛泽东思想，作为自己一切工作的指针。"刘少奇同志在七大所作关于修改党章的报告中说："这些理论与政策，完全是马克思主义的，又完全是中国的。"这个极端重要的结论得来不易。它是中国共产党成熟的表现，又是从遵义会议起顺流而下、水到渠成的结果。

实事求是、群众路线、独立自主的观念，就这样一步一步地深深镌刻在中国共产党人的心中，成为党内公认的正路，形成全党新的传统。以后，在中国革命、建设、改革的各个时期，它成为一种无形的衡量是非的行为准则。人们有时对事情会有各种不同看法，但最终只能以是否符合这些准则来判断什么是正确的、什么是错误的。这是一份极端宝贵的精神遗产。尽管以后历史发展中还经历过种种困难和曲折，但如果没有遵义会议开始的这个根本变化和它产生的深远影响，就很难想象中国共产党能领导全国人民在此后几十年岁月里取得如此巨大的成就。

正因为这样，遵义会议才称得上第一次历史决议所说的"中国党内最有历史意义的转变"，称得上第二次历史决议所说的"在党的历史上是一个生死攸关的转折点"。

邓小平同志在党的十二大开幕词中说："中国的事情要按照中国的情况来办，要依靠中国人自己的力量来办。""无论是革命还是建设，都要注意学习和借鉴外国经验。但是，照抄照搬别国经验、别国模式，从来不能得到成功。这方面我们有过不少教训。把马克思主义的普遍真理同我国的具体实际结合起来，走自己的道路，建设有中国特色的社会主义，这就是我们总结长期历史经验得出的基本结论。"这也是对遵义会议前后这段历史作出的最好的结论。

注释

1."罗明路线"指，1933年初，时任中共福建省委代理书记罗明认为，闽西根据地边缘地区条件艰苦，党的政策应不同于巩固地区。

七七事变：全民族抗战的开端

金冲及

全民族抗战开始后，中华民族内部蕴藏着的无穷无尽的巨大能量，像火山爆发般倾泻出来，震撼大地。人民从中看到了自己的力量。这是中华民族伟大复兴征程中极其重要的一页。

1937 年 7 月 7 日，这是中国人永远无法忘却的日子。这一天，日本军国主义者对中国发动了全面的侵略战争，中国人从此奋起进行全民族抗战。只要在当时生活过的中国人都会记得，那以后自己的生活、周围的一切，都发生了何等巨大的变化。

2014 年，习近平总书记在纪念全民族抗战爆发七十七周年仪式上，满怀激情地说："从卢沟桥事变肇始，平津危急，华北危急，中华民族危急，中华民族到了最危险的时候。""从那时起，大江南北，长城内外，全体中华儿女冒着敌人的炮火共赴国难，无论是正面战场，还是敌后战场，千千万万爱国将士浴血奋战、视死如归，各界民众万众一心、同仇敌忾，奏响了一曲气壮山河的抗击日本侵略的英雄凯歌，用生命和鲜血谱写了一首感天动地的反抗外来侵略的壮丽史诗。"

全民族抗战开始后，中华民族内部蕴藏着的无穷无尽的巨大能量，像火山爆发般倾泻出来，震撼大地。人民从中看到了自己的力量。这是中华民族伟大复兴征程中极其重要的一页。

一、历史的回顾

七七事变的发生不是偶然的。

野心勃勃的日本军国主义势力从 19 世纪末起就不停息地步步进逼，妄图征服并灭亡中国、独霸东亚，终于激起中华民族万众一心的全民族反抗。

中国这个文明古国沦为半殖民地国家，是从中英鸦片战争开始的。后来，日本军国主义势力逐步成为中国面对的主要侵略者。

中日甲午战争的发生，是当时大多数中国人事前没有想到的。甲午战争后，列强大大加快了对华侵略的步伐。包括日本在内的"八国联军"武装占领中国的首都北京达一年之久，强迫家家户户都悬挂他们的国旗；日本还强行在华北派遣"驻屯军"，后来的七七事变就是由这支军队首先发动的。

这一切，怎么能不深深刺痛有骨气的中国人的心？孙中山在甲午战争发生那年，响亮地喊出"振兴中华"

的口号。维新志士谭嗣同满腔悲愤地写下沉痛的诗句：
"四万万人齐下泪，天涯何处是神州。"台湾因甲午战争被
日本强行割占。台湾民众在日本占领军到来时，在台北、
新竹、台南等地浴血抗击，坚持 5 个多月，日本侵略军死
伤 32000 多人。在日本侵占的半个世纪中，台湾民众的反
日运动始终未曾停止。

1927 年，田中义一出任日本首相兼外相，召开"东方
会议"，标志着军部直接控制了日本外交。田中外交的突
出特点，是把注意力首先集中在中国的"满蒙"地区。这
是日本侵华的一项重大决策，也就是所谓"欲征服中国，
必先征服满蒙；如欲征服世界，必先征服中国"。日本军
国主义者的野心是无限的，但它的实力有限，只能分步骤
地推行它的计划。

1931 年，日本军国主义者悍然制造了九一八事变。他
们在沈阳以北不远的柳条湖炸毁一小段铁路路轨，反诬是
中国军队所为，立刻向东北军驻地北大营进攻，第二天凌
晨占领了北大营和沈阳城。随后，侵占中国的辽宁、吉
林、黑龙江三省。1932 年，他们在东北制造了一个伪"满
洲国"。接着，又西进蒙古族聚居的地区，先占领热河省，
随后向察北、绥东推进。这些都是"必先征服满蒙"战略

意图的体现。

1933 年的长城战役仿佛越出了这个范围。日本侵略军兵临北平城下，国民党当局在华北的主要负责人黄郛、何应钦已准备放弃北平。而日本在胁迫中国签订《塘沽协定》后撤到长城一线。这不是出于什么善心，而是觉得条件还不够成熟：那时世界法西斯阵线还没有正式形成，日本侵占中国东北后的统治秩序还不稳固，对进一步侵占华北会不会引起西方列强干预还存有一些顾忌。因此，他们留待"第一阶段终了"后再跨出第二步。

中国人民是有骨气的。尽管南京政府出于"攘外必先安内"的决策，又过于期待西方列强的干预，在九一八事变发生时实行"不抵抗"政策，但爱国军民仍奋起抵抗。东北军爱国将领马占山、李杜等在黑龙江、吉林同日本侵略军血战，给了全国人民很大鼓舞。东北人民志愿组织的抗日义勇军的战斗风起云涌。中共中央先后派遣杨靖宇、周保中、赵一曼等到东北，加强对义勇军的领导。从 1932 年起，中国共产党直接领导的抗日游击队陆续成立。第二年，合编为东北人民革命军。1936 年，组成东北抗日联军，人数最多时达到 3 万人，在白山黑水、林海雪原那种常人难以想象的极端危难环境中同侵略者进行艰苦卓绝的斗争。由于敌我力量过于悬殊，从 1942 年起，抗日联军主力转移到苏联境内休整和训练，1945 年又和苏联红军一起进军，歼灭日本关东军，为建立东北解放区作出了重大贡献。他们的精神和事迹是值得后人永远景仰的。在局部抗战时期，蔡廷锴等率十九路军进行淞沪抗战、冯玉祥等在察哈尔组织民众抗日同盟军、多路中国军队在 1933 年进行长城抗战、傅作义指挥绥东百灵庙大捷等，也都值得后人永远铭记。

二、七七事变

日本军国主义者一直没有停止侵华步伐。他们强烈地认为，能够供应日本短缺资源的地区需要包括整个中国大陆，他们垂涎山西的煤炭、河北的铁矿等资源，从而把侵略矛头进一步指向华北地区。

1935 年 8 月，日本陆军省提出所谓《关于对北支政策》，明确地提出要把华北五省变为自治色彩浓厚的亲日"满"地带。11 月中旬，日本军方策动的"华北自治运动"公开出台。1936 年，日本驻扎在华北的"中国驻屯军"从 1771 人增加到 5774 人。他们完全置中国主权于不顾，挤走中国驻军，非法进占北京南部卢沟桥附近 3 条铁路的会合处丰台镇，并且设立军事指挥部。他们在平津近郊举行多次大规模的"军事演习"，从每月一次增加到三五天一次，从一般演习到实弹射击，从白昼演习到夜间演习。日本空军的飞机也在平津上空任意盘旋。一切都在紧锣密鼓地进行着，华北各地早已是一派"山雨欲来风满楼"的肃杀景象。

这一切，使每个有爱国心的中国人再也无法忍受下去。一个从南方到华北读书的学生写信给《大众生活》主编邹韬奋说："敌人的飞机尽在我们头上掠过，所谓野外演习的炮声震得教室的玻璃窗发抖，机关枪不断的响着在打靶。这一颗颗的子弹，好像每颗都打在我们心上一样的难过。先生，我们能念书吗？"这也许是今天的青年学生难以想象的。

这种悲愤的情绪郁积着、奔腾着、增长着，整个中国就像一座喷薄欲发的火山。从平津学生开始，掀起了席卷全国的"一二·九"爱国运动。以上海为中心，成立起各界民众的救国会。中国共产党领导的工农红军经历长征，到达陕北。张学良、杨虎城发动的西安事变促成了全国停止内战、合作抗日。这是全民族抗战能够实现的深厚的社会基础和群众基础。

就在 1937 年 7 月 7 日这天晚间，驻丰台的日军在卢沟桥附近进行夜间军事演习。演习中，日军称有一名士兵"失踪"，要求进入卢沟桥东的宛平县城搜查，这种无理要求遭到拒绝。20 分钟后，那个士兵自行归队，但日军仍围攻宛平城，中国驻军奋起抗击。战争就这样开始了。

事变的性质和是非没有任何可以争论的余地，但日本一些右翼分子却还要就此胡搅蛮缠。其实事情很清楚，中国在日本并没有一兵一卒，而日本却不顾中国主权，把军队强行驻扎在中国的领土上，任意采取军事行动，围攻中国县城，威逼平津和华北，使中华民族面对生死关头。这不是侵略是什么？硬要狡辩，只能说其不知羞耻为何物。

七七事变发生后，中共中央在 7 月 8 日发出通电：平津危急！华北危急！中华民族危急！只有全民族实行抗战，才是我们的出路！蒋介石也看到，今日的北平，若可变成沈阳，南京又何尝不可变成北平。他在 7 月 17 日庐山谈话上说了一句名言："如果战端一开，那就是地无分南北，年无分老幼，无论何人皆有守土抗战之责任，皆应抱定牺牲一切之决心。"这句话受到国人普遍赞扬。

中国的全民族抗战就这样开始了。

三、全民族抗战带来了什么

前面说到，习近平总书记在纪念全民族抗战爆发七十七周年仪式上的讲话中动情地说："从那时起，大江南北，长城内外，全体中华儿女冒着敌人的炮火共赴国难"。

历史总是一环紧扣一环地不断发展而又有它的阶段性。"从那时起"四个字不能小看。作为新的"起"点，"那时"以后和以前有什么不同？从局部抗战到全民族抗战，不只是军事行动范围和投入力量的扩大，更重要的，还需要进一步分析它使中国发生了哪些有着全局性意义的变化。

毛泽东同志在 1941 年 5 月提纲挈领地指出："一个民族敌人深入国土这一事实，起着决定一切的作用。"第二年 3 月，他在《如何研究中共党史》中，从宏观的大视角出发，把党的历史分为三个阶段，并且指出这三个阶段革命的任务、联合的群众、革命打击的目标都有所不同。其中，他这样说："革命的任务，三个阶段都是反对帝国主义及其走狗。第一个阶段直接的表现是反对北洋军阀，第二个阶段直接的表现是反对国民党，第三个阶段表现为反对日本侵略者及汪精卫汉奸。"

从这样一种全局性考察出发，可以清楚地看到全民族抗战爆发后给中国带来了什么：

第一，中华民族的民族觉醒达到了前所未有的高度。

中国是一个多民族国家，长期经济、文化的密切交流和近代以来反对外来侵略者的共同斗争，使各民族之间形成强烈的认同感，成为你中有我、我中有你、谁也离不开谁的命运共同体。从20世纪初开始，中华民族这个名称已越来越成为中国各族人民的共识。

日本军国主义者的对华侵略，在七七事变以前和以后最大的变化是：从局部性侵略发展到全面侵华。日本侵略军的铁蹄深入中国内地，占领了中国将近一半人口生活的广阔土地，在不少地区实行烧光、杀光、抢光的"三光"政策，改变了几乎所有中国家庭的生活。这种状况是以往中国历史上的任何时候都不曾有过的。

实际生活的教育，是任何滔滔雄辩都无法相比的。在中国国土上发生的这种悲惨状况，绝不是个人力量所能改变的。只有当国家和民族有了前途时，才有个人前途可言。1937年8月，著名作家巴金在战火纷飞的上海写道："这一次全中国的人真的团结成一个整体了。我们把个人的一切全交出来维护这个'整体'的生存。这个'整体'是一定会生存的。'整体'的存在也就是我们个人的存在。"多少人为保卫祖国而英勇牺牲，多少人抛弃旧怨而携手共同救亡，这在平时并不容易做到。

中华民族表现出空前的凝聚力。这种万众一心的凝聚力是无形的力量，在以后一直成为鼓舞中国人民为实现民族复兴而团结奋进的重要精神动力。

第二，民主观念越来越深入人心。

古代中国经历过几千年的封建社会，民主传统一直极为缺乏。全民族抗战爆发后，面对强大的敌人，人们最关切的问题莫过于怎样才能取得抗战的胜利。答案很明显：只有依靠四万万民众的力量，依靠人民群众的积极参与。而要使全国民众积极投身抗战事业，必须实行民主政治，切实维护民众的利益，充分发挥民众的积极性。随着全民族抗战走向深入，民主问题表现得越来越突出、越来越重要。

在中国共产党领导的敌后战场，抗日根据地为什么能够在那么艰难险恶的环境中生存和发展？原因就在于它能够坚决地依靠群众，由人民当家作主，认真推行减租减息，实行民主政治。

美国很有影响的《时代》《生活》杂志的记者西奥多·怀特和安娜·雅各布当时写了一段报道："共产党的全部政治论题可以概括为下面的一段话：如果你遇见这样的农民——他的整个一生都被人欺凌、被人鞭笞、被人辱骂，而且他的父亲把祖祖辈辈传下来的痛苦感情都转移给了他。你真正把他作为一个人来对待，征求他的意见，让他投票选举地方政府，让他组织自己的警察和宪兵；给予他权力，让他决定自己应交多少赋税，让他自己决定是否减租减息。如果你做到了这一切，那么，这个农民就会变成一个具有奋斗目标的人。而且，为了保卫这个目标，他得同任何敌人——不管是日本人还是中国人——进行殊死拼搏。"为什么中国共产党的力量和影响在抗战期间能得到那样大的发展？奥秘就在这里。

再来看国民党统治的大后方。在战争初期，国民党政府的对日作战是比较努力的，在民主政治方面有过一点改进，一时出现过生机勃勃的新气象，人们曾对它寄予很大希望。但是这种希望很快就变成失望。国民党政府甚至变本加厉地强化独裁统治，特务横行，豪门资本大发国难财，力图消灭一切异己力量。于是，争取民主的运动在大后方日益发展起来，到1944年以后更走向高潮，成为万众瞩目的焦点。这对战后中国政治生活的演变产生了深刻影响。

第三，中国共产党被更广大的民众所了解和接受。

中国共产党从诞生之日起，就是为中国最广大人民的根本利益奋斗的。但是，在全民族抗战以前，它的政治影响主要在各革命根据地的贫苦农民和城市里的革命知识分子中。由于国民党当局对革命根据地的严密封锁和对共产党的造谣、污蔑，加上中共中央多年"左"的关门主义错误，一般民众对共产党的真实情况了解有限。全民族抗战爆发后，国共两党实行第二次合作，共产党人在一些地区能够公开或半公开活动，人们对共产党的主张和真实情况逐渐有了较多的认识和了解。

毛泽东同志在1938年发表著名的《论持久战》，对中日双方在战争中的优势和弱点、对战争将要经历的三个阶段、对应该采取的政策和战略战术进行深入分析，批驳了"亡国论"和"速胜论"。这些都是全国民众当时最关心的问题，而在以前还没有人对中国的抗日战争及其前途作过如此系统、具体而富有说服力的分析。以后，事实的发展完全证明毛泽东同志所作分析的正确性。这就在全国范围内产生了广泛影响。

在实际行动上，中国共产党和八路军、新四军也让人们耳目一新。一些民主人士和外国记者、观察者访问中国共产党领导的抗日民主根据地后所作的报道，也让大后方许多人看到了一个过去并不了解的天地，对中国的未来产生新的希望。到战争结束时，国共两党已被人们视为可以分庭抗礼的政治力量。

除了这三点，全民族抗战还使中国的社会、经济、文化、国际地位等都发生了巨大而深刻的变化。

习近平总书记提到："中国人民抗日战争的伟大胜利，为中华民族由近代以来陷入深重危机走向伟大复兴确立了历史转折点"。他还指出："七七事变成为中国全民族抗战的开端"。今天我们对先人为国家和民族作出的贡献充满敬意，一定会继承他们的遗志，大力弘扬伟大的抗战精神，万众一心地继续朝着实现中华民族伟大复兴的中国梦的目标奋勇前进。

百年革命 三封家书

梁　衡

我从百年历史的烟尘中拣出这三封革命家书，束为一札，献给祖国，并祭先烈。这是一束永不凋谢的历史之花。

2011 年是辛亥革命 100 周年，中国共产党成立 90 周年。纪念活动少不了拜谒故地，披览文物。

　　3 月，我有事去福州，公余又去拜谒了一次革命烈士林觉民（1887 —1911）故居。林觉民的《与妻书》是辛亥革命的重要文物。黄花岗七十二烈士[1]，其事迹大多湮灭，幸有这篇美文让我们能窥见他们的心灵。广州黄花岗烈士碑上 72 人（随着后来的发掘，实际上已超过 72 人）名单中，林觉民三字人们抚摸最多，色亦最重。《与妻书》早已选入中学课本和各种文学的、政治的读本，我亦不知读了多少遍。印象最深的是"即此爱汝一念，使吾勇于就死"，"当亦乐牺牲吾身与汝身之福利，为天下人谋永福"。他反复给妻子解释，我很愿与你相守到老，但今日中国，百姓水深火热，我能眼睁睁看他们受苦、等死吗？我要把对你的爱扩展到对所有人的爱，所以才敢去你而死。林觉民在福州的故居我过去也是去过的。这次去，新增的印象有二。一是书信的原物。在广州起义前三天，1911 年 4 月 24 日，林觉民知自己必死，就着随手扯

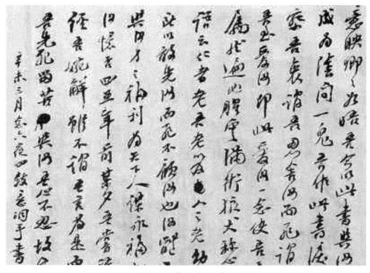

林觉民《与妻书》（局部）

来的一方白布，给妻子陈意映写下这封信，竖书，29 行。
其笔墨酣畅淋漓，点划如电闪雷劈，走笔时有偏移，可知
其时"泪珠与笔墨齐下"，心情激动，不能自已。其挥墨
泣血之境，完全可与颜真卿的《祭侄文稿》[2] 相媲美。二
是牺牲前后之事。起义失败，林觉民受伤被捕。审讯时，
他痛斥清廷腐败，慷慨陈词，宣传革命，说到激动处撕
去上衣，挺胸赴死。审讯官都不由叹道：好一个伟岸的
美男子。某日晨，家人在门缝里发现有人塞进来的《与妻
书》，同时还有给父亲的一封信，只有几十个字："不孝
儿觉民叩禀父亲大人：儿死矣，惟累大人吃苦，弟妹缺衣

食耳，然大有补于全国同胞也。大罪乞恕之。"其壮烈而平静之举概如此。

福州之后又两月，有事去重庆之江津，才知道这是聂荣臻（1899 —1992）元帅的家乡，便去拜谒纪念馆及故居。聂荣臻元帅抗日时主持被中央称为"模范根据地"的晋察冀根据地建设，解放后主持"两弹一星"研究，为国防建设立了大功，终其一生都是在默默地干大事。他在20岁那年离开家乡去法国勤工俭学，开始了探求真理、苦学报国的革命生涯。他与周恩来、朱德、邓小平、陈毅等同为我们党领导集体中的早期留欧人员。聂荣臻留法时期的家书保存完好，现在收书出版的就有13封，且都有手迹原件，从中可以看到这批革命家的少年胸怀（去法国时聂荣臻20岁，周恩来22岁，邓小平16岁）。现在故居前庭的正墙上有一封放大的家书手迹，是聂荣臻1922年6月3日写给父母的：

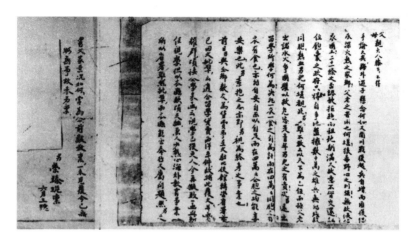

最荣臻给父母的信

父母亲大人膝下：

不得手谕久矣。海外游子，悬念何如？又闻川战复起，兵自增而匪复狂！水深火热之家乡，父老之苦困也何堪？狼毒野心之列强无故侵占我国土。二十一条之否认被拒绝，而租地期满又故意不肯交还。私位饱囊之政府，只知自争地盘，拥数十万之雄兵，无非残杀同胞。热血男儿何堪睹此？男也，虽不敢以天下为己任，而拯父老出诸水火，争国权以救危亡，是青年男儿之有责！况男远出留学，所学何为？决非一衣一食自为计，而在四万万同胞之均有衣食也。亦非自安自乐以自足，而在四万万同胞之均能享安乐也。此男素抱之志，亦即男视为终身之事业也！……

叩禀

金玉安

男荣臻跪禀6月3号

我拜读这封89年前海外游子的家书不觉肃然起敬。那个时代的有为青年留学到底为了什么？"决非一衣一食自为计，而在四万万同胞之均有衣食也。亦非自安自乐以自足，而在四万万同胞之均能享安乐也。"这与林觉民"当亦乐牺牲吾身与汝身之福利，为天下人谋永福"何其相通。

要考察一个人的思想，家书大概是最可靠的材料。因为对亲人可以说真话，而且他也想不到日后会发表这信件。看了林觉民、聂荣臻的两封家书，又使我联想到五年前在河北涉县参观八路军129师师部旧址时见到的另一封家书。那是一个不知名的普通八路军战士（或是干部）在大战前夕写给妻子的一封短信，是一个共产党员的"与妻书"。从重庆回来我就赶快翻检所存资料，终于找出那张发黄的照片，但手迹还清晰可辨，全信如下：

喜如妹：

我俩要短期之分开了。这是我们的敌人给我们的分开之痛苦，只有消灭了我们的敌人，才能消除这个痛苦。

我的病暂时也没有什么要谨（紧），因病得的很长，一时亦难除根。我很高兴在党和上级爱护之下给我这五个月的时间休养很不错。我这此（次）决心到前方要与我们当前的敌人搏斗，拿出最大决心和牺牲精神与人民立功。我第二个高兴是你很好，特别是对我尽到一切的关心和爱护。同时我有两个很天真活泼的小孩，又有男又有女。你想这一切都使我很满足，永远是我高兴的地方。

战斗是比不得唱戏，不是开玩笑，是有牺牲的精神才能打垮和消灭敌人。趟（倘）我这次到前方或负伤牺牲都不要难过，谨记我如下之言：

无产阶级的革命一定会成功的，只是时间之长短，但也不是很长的。家人一定要翻身。要求民主与独立，这是全世界劳苦大众都走革命这条道路，苏联革命成功是我们的好好榜样。

就是我牺牲了也是很光荣的，是为革命而牺牲，是有价值。在任何情况下我是不屈不挠，坚决□□□部队与敌人战斗到底。一直把敌人消灭尽尽为止。望你好好保重身体，多吃饭，不生病，我就死前方放心。同时希你好好扶养丰丰小儿、小女雪雪，长大完成我未完之事。一直完成社会主义革命到共产主义社会。谨记谨记。

我生于一九一九年十月（即民国八年十二月二十四日）家居安徽省霍山县石家河保瓦嘴□。

茂德

一九四七·四·二·□于魏□

临别之写

这封信写得很镇静、乐观又有几分悲壮。作者和林觉民一样也是抱定必死的决心，但其悲剧气氛要少些，更多的是充满胜利的信心。刘伯承、邓小平领导的 129 师 1940 年 6 月进驻涉县时不足 9000 人，到 1945 年 12 月挥师南下时已发展到 30 万正规军，40 万地方部队。这个署名"茂德"的作者，就是这支大军中的普通一员。也许他真的已经在战火中牺牲，那一双可爱的小儿女丰丰、雪雪现在也该是古稀老人。这封上战场前匆匆写给妻子的信，让我们看到了那个时代的人的真实生活。

　　我把三封家书的手稿影印件放在案头，轻抚其面，细辨字迹，目既往还，心亦吐纳，感慨良多。这三件文物，都是用毛笔书写，所书之物，一件是临时扯的一块白布，一件是异国他乡的信纸，一件是随手撕下来的五小张笔记本纸页，皆默默地昭示着其人、其地、其时的特定背景。论时间，从第一封信算起已经整整100年，恰是辛亥革命百年祭；第二封已经89年，与共产党党龄相仿；第三封也已64年，比共和国还长两岁。而写信者当时都是热血青年，都是为自己的理想而奋斗，准备牺牲的普通的战士。林觉民信说"当亦乐牺牲吾身与汝身之福利，为天下人谋永福"；聂荣臻信说"决非一衣一食自为计，而在四万万同胞之均有衣食"；茂德信说"就是我牺牲了也是很光荣的。是为革命而牺牲，是有价值"。其结果，一个成了名垂青史的烈士，一个成了共和国的元帅，一个没入历史的烟尘，代表着无数的无名英雄。百年革命，三封家书，一条红线，舍己为国。我们还可由此上推1000年，政治家范仲淹说"先天下之忧而忧，后天下之乐而乐"；上推2000年，思想家司马迁说"人固有一死。死，或重于泰山，或轻于鸿毛，用之所趋异也（目的不同）"。其一脉相承的都是这种牺牲精神——为理想、为事业、为进步而牺牲。国歌唱到"把我们的血肉筑成我们新的长城"，还有一首歌唱到"为什么战旗美如画，英雄的鲜血染红了她；为什么大地春常在，英雄的生命开鲜花"。正是这一代代人前赴后继、不计牺牲才铸就我们这个民族，铸就中华文明。这是一种伟大的民族精神、历史精神，而它在革命，特别是战争时期更见光辉，又由代表人物所表现。唯此，历史才进步，人类才进步。

我从百年历史的烟尘中拣出这三封革命家书，束为一札，献给祖国，并祭先烈。这是一束永不凋谢的历史之花。

附：林觉民《与妻书》原文

原文据人教版高中语文必修（下册），保留手书原字，通假已在字后的括号标出。

意映卿卿如晤：

吾今以此书与汝永别矣！吾作此书时，尚是世中一人；汝看此书时，吾已成为阴间一鬼。吾作此书，泪珠和笔墨齐下，不能竟书而欲搁笔，又恐汝不察吾衷，谓吾忍舍汝而死，谓吾不知汝之不欲吾死也，故遂忍悲为汝言之。

吾至爱汝！即此爱汝一念，使吾勇于就死也！吾自遇汝以来，常愿天下有情人都成眷属，然遍地腥云，满街狼犬，称心快意，几家能彀？司马青（春）衫，吾不能学太上之忘情也。语云，仁者"老吾老以及人之老，幼吾幼以及人之幼"。吾充吾爱汝之心，助天下人爱其所爱，所以敢先汝而死，不顾汝也。汝体吾此心，于啼泣之余，亦以天下人为念，当亦乐牺牲吾身与汝身之福利，为天下人谋永福也。汝其勿悲。

汝忆否？四五年前某夕，吾尝语曰："与使吾先死也，无宁汝先吾而死。"汝初闻言而怒，后经吾婉解，虽不谓吾言为是，而亦无词相答。吾之意盖谓以汝之弱，必不能禁失吾之悲，吾先死，留苦与汝，吾心不忍，故宁请汝先死，吾担悲也。嗟夫，谁知吾卒先汝而死乎！

吾真真不能忘汝也！回忆后街之屋，入门穿廊，过前后厅，又三四折有小厅，厅旁一室为吾与汝双栖之所。初婚三四个月，适冬之望日前后，窗外疏梅筛月影，依稀掩映，吾与汝并肩携手，低低切切，何事不语，何情不诉！及今思之，空余泪痕！又回忆六七年前，吾之逃家复归也，汝泣告我："望今后有远行，必以告妾，妾愿随君行。"吾亦既许汝矣。前十余日回家，即欲乘便以此行之事语汝，及与汝相对，又不能启口；且以汝之有身也，更恐不胜悲，故惟日日呼酒买醉。嗟夫！当时余心之悲，盖不能以寸管形容之。

吾诚愿与汝相守以死。第以今日事势观之，天灾可以死，盗贼可以死，瓜分之日可以死，奸官污吏虐民可以死，吾辈处今日之中国，国中无地无时不可以死！到那时使吾眼睁睁看汝死，或使汝眼睁睁看吾死，吾能之乎？抑汝能之乎？即可不死，而离散不相见，徒使两地眼成穿而骨化石，试问古来几曾见破镜能重圆，则较死为苦也。将奈之何？今日吾与汝幸双健；天下人之不当死而死与不愿离而离者，不可数计，钟情如我辈者，能忍之乎？此吾所以敢率性就死而不顾汝也。吾今死无余憾，国事成不成，自有同志者在。依新已五岁，转眼成人，汝其善抚之，使之肖我。汝腹中之物，吾疑其女也，女必像汝，吾心甚慰；或又是男，则亦教其以父志为志，则吾死后，尚有二意洞在也，甚幸，甚幸！

吾家后日当甚贫，贫无所苦，清静过日而已。

吾今与汝无言矣！吾居九泉之下，遥闻汝哭声，当哭相和也。吾平日不信有鬼，今则又望其真有。今人又言心电感应有道，吾亦望其言是实，则吾之死，吾灵尚依依旁汝也，汝不必以无侣悲！

吾生平未尝以吾所志语汝，是吾不是处。然语之，又恐汝日日为吾担忧。吾牺牲百死而不辞，而使汝担忧，的的非吾所忍。吾爱汝至，所以为汝谋者惟恐未尽。汝幸而偶我，又何不幸而生今日之中国！吾幸而得汝，又何不幸而生今日之中国！卒不忍独善其身。嗟夫！巾短情长，所未尽者，尚有万千，汝可以模拟得之。吾今不能见汝矣！汝不能舍吾，其时时于梦中得我乎？一恸！

辛未（亥）三月念六夜四鼓，意洞手书。

家中诸母皆通文，有不解处，望请其指教。当尽吾意为幸！

注释

1. 黄花岗七十二烈士，指 1911 年 4 月 27 日在中国广州起义（即黄花岗起义）中牺牲，后葬于广州市东北郊（现广州市越秀区）黄花岗七十二烈士墓园的革命党人。
2. 《祭侄文稿》，全称为《祭侄赠赞善大夫季明文》，是唐代书法家颜真卿于唐乾元元年（758年）所作，追叙了常山太守颜杲卿父子一门在安禄山叛乱时坚决抵抗，取义成仁之事。

中国社会主义制度的建立

罗平汉

毛泽东曾这样说过："没有一个新民主主义的联合统一的国家，没有新民主主义的国家经济的发展，没有私人资本主义经济和合作社经济的发展，没有民族的科学的大众的文化即新民主主义文化的发展，没有几万万人民的个性的解放和个性的发展，一句话，没有一个由共产党领导的新式的资产阶级性质的彻底的民主革命，要想在半殖民地半封建的废墟上建立起社会主义社会来，那只是完全的空想。"

1949 年中华人民共和国的成立，标志着新民主主义社会制度在全国范围的建立。1952 年秋，党的领导人根据当时的情况和党预定的社会主义目标，开始酝酿过渡时期总路线。1953 年秋，过渡时期总路线正式提出，由此开始了大规模的农业、手工业和资本主义工商业的社会主义改造。1956 年，社会主义改造基本完成，中国实现了由新民主主义社会向社会主义社会的转变。

一、新民主主义社会的基本特征

关于新民主主义社会的政治制度，当时具有临时宪法性质的《中国人民政治协商会议共同纲领》（简称《共同纲领》）在其序言中规定："中国人民民主专政是中国工人阶级、农民阶级、小资产阶级、民族资产阶级及其他爱国民主分子的人民民主统一战线的政权，而以工农联盟为基础，以工人阶级为领导。"在其总纲中，又作了这样的规定："中华人民共和国为新民主主义即人民民主主义的国家，实行工人阶级领导的、以工农联盟为基础的、团结各民主阶级和国内各民族的人民民主专政"[1]。这就对新中国的国体和政体作了明确的表述。《共同纲领》中并没有任何"中国共产党领导"这样的文字，但它在总纲中明确规定中华人民共和国"实行工人阶级领导"，实际上用另外一种方式规定了中国共产党在国家中的领导地位。

中华人民共和国成立之初组成的中央人民政府，从一定意义上讲是一个由中国共产党领导的民主联合政府。中央人民政府的主席、副主席共 7 人，其中非中共人士 3 人，分别是宋庆龄、李济深和张澜；中央人民政府委员 56 人，其中非中共人士 27 人。在随后组建的政务院及其所属机关的负责人中，政务院副总理共 4 人，其中非中共人士 2 人，即郭沫若和黄炎培；各部、委、署主官中，非中共人士超过三分之一。此外，最高人民法院院长亦由非中共人士沈钧儒担任。中央人民政府的这种格局，一直维持到 1954 年第一届全国人大的召开。

对于新民主主义社会的经济制度，《共同纲领》作了这样的规定："中华人民共和国经济建设的根本方针，是以公私兼顾、劳资两利、城乡互助、内外交流的政策，达到发展生产、繁荣经济之目的。国家应在经营范围、原料供给、销售市场、劳动条件、技术设备、财政政策、金融政策等方面，调剂国营经济、合作社经济、农民和手工业者的个体经济、私人资本主义经济和国家资本主义经济，使各种社会经济成分在国营经济领导之下，分工合作，各得其所，以促进整个社会经济的发展。"[2]

新民主主义社会经济上最根本的特征，就是多种经济成分共存。以过渡时期总路线正式提出前的 1952 年为例，各种所有制在国民收入中的比重分别是：国营经济占19.1%，合作社经济占 1.5%，国家资本主义经济占 0.7%，私人资本主义经济占 6.9%，个体经济占 71.8%。

在新民主主义经济中，国营经济数量虽不占优势，但它处于领导地位并显日益壮大之势。对于国营经济的领导地位，《共同纲领》明确规定："国营经济为社会主义性质的经济。凡属有关国家经济命脉和足以操纵国民生计的事业，均应由国家统一经营。凡属国有的资源和企业，均为全体人民的公共财产，为人民共和国发展生产、繁荣经济的主要物质基础和整个社会经济的领导力量。"[3] 从 1949年至 1952 年，国营经济发展迅速。1949 年国营工业的总产值为 36.8 亿元，1952 年达到了 142.6 亿元。国营商业机构 1950 年的批发和零售额分别占全国的 23.2% 和 8.3%，1952 年则上升到 60.5% 和 19.1%。

私人资本主义经济是新民主主义社会的重要经济成分，1949 年至 1952 年其总量也是显增长的趋势，但由于国营经济的快速增长，它占国民经济的比重则显下降之势。在 1951 年之前，私营工业在全部工业总产值中超过了 50%，即 1949 年 63.3%，1950 年 51.8%，1951 年 50.1%，而 1952 年下降到了 39%。

1950 年 6 月，中央人民政府出台了《中华人民共和国土地改革法》，由此在广大的新解放区进行了轰轰烈烈的土地改革运动（老解放区此前已完成了土地改革）。土地改革之后，农村经济体制基本上仍是个体农民所有制。这不单体现在生产方式上是农民以家庭为生产单位，更为重要的是农民对于土地具有所有权，以及附随所有权而产生的土地处置权。《共同纲领》第二十七条规定："凡已实行土地改革的地区，必须保护农民已得土地的所有权。"4《中华人民共和国土地改革法》第三十条亦规定："土地改革完成后，由人民政府发给土地所有证，并承认一切土地所有者自由经营、买卖及出租土地的权利。"就是说，在新民主主义社会里，农民依法具有土地所有权以及土地的处置权，土地的买卖是合法的。

对于新民主主义社会的文化，《共同纲领》规定得比较简略，指出："中华人民共和国的文化教育为新民主主义的，即民族的、科学的、大众的文化教育。人民政府的文化教育工作，应以提高人民文化水平、培养国家建设人才、肃清封建的、买办的、法西斯主义的思想、发展为人民服务的思想为主要任务。"[5]

新民主主义社会在文化体制上一个明显的特征，是多种所有制共同存在的文化产业格局。据 1950 年 3 月底的统计，在北京、天津、上海、南京、杭州、济南、武汉、广州、长沙、西安、重庆等 11 个大城市，经营出版及贩卖的书店共计 1057 家。其中自行出版书刊者 269 家，计公营 19 家（包含新华书店总店和分店 6 家），公私合营 6 家，私营 244 家。专营贩卖的书店 788 家，计公营 16 家，公私合营 7 家，私营 765 家。1950 年 1 月至 12 月，全国共出版图书 7049 种，其中私营 3681 种，占 52.3%。全年共有定期刊物 295 种，其中私营 113 种，占 38.3%。又据 1950 年 3 月的统计，全国共有私营报纸 58 种，私营广播电台 34 座。建国之初，国营的电影制片厂只有东北、北京、上海三家，而私营电影公司则有十几家，其中有一定制片能力的主要有昆仑、文华、大同、国泰等影业公司。

在中华人民共和国成立的头三年，中国共产党人基本上是老老实实、不折不扣地按照《共同纲领》来建设新民主主义社会的。由于认真执行了新民主主义的各项政策，中国人民政治上翻了身，经济上提高了生活水平。这三年，是中国国民经济迅速恢复和发展的三年，是中国人民意气风发的三年，也是中国社会面貌得到彻底改观的三年。

二、过渡时期总路线的酝酿与提出

新民主主义社会无疑是带有过渡性质的社会形态。那么，如何实现新民主主义社会向社会主义社会的过渡呢？毛泽东曾这样说过："没有一个新民主主义的联合统一的国家，没有新民主主义的国家经济的发展，没有私人资本主义经济和合作社经济的发展，没有民族的科学的大众的文化即新民主主义文化的发展，没有几万万人民的个性的解放和个性的发展，一句话，没有一个由共产党领导的新式的资产阶级性质的彻底的民主革命，要想在半殖民地半封建的废墟上建立起社会主义社会来，那只是完全的空想。"[6]这段话集中概括了新民主主义社会向社会主义社会过渡所应当具备的基本条件。这就是说，只有经过新民主主义社会在政治、经济、文化上全面而充分地发展，而且根据中国人民的需要和意愿，才能实现这种过渡。

到了 1948 年秋，中国革命的胜利已是指日可待，中国人民盼望已久的新民主主义的新中国很快将变成现实。在这年 9 月的中共中央政治会议上，中共领导人对何时转入社会主义进行了讨论。刘少奇在发言时提出，不能过早地采取社会主义，毛泽东插话说："到底何时开始全线进攻？也许全国胜利后还要十五年。"当天为会议做结论时，毛泽东又说："关于完成新民主主义到社会主义的过渡的准备，苏联是会帮助我们的，首先帮助我们发展经济。我国在经济上完成民族独立，还要一二十年时间。我们要努力发展经济，由发展新民主主义经济过渡到社会主义。"[7]在 1949 年 1 月的政治局会议上，毛泽东又表示，不要急于追求社会主义化，合作社不可能很快发展，大概要准备十几年功夫。这是党的领导人对新民主主义社会转入社会主义社会最早提出的具体时间表。

1949 年 7 月 4 日，毛泽东在中央团校第一期毕业典礼上又讲：20 年后，我们工业发展到一定程度，看其情况进入社会主义。1949 年 6 月至 8 月，刘少奇代表中共中央访问苏联，其间在给斯大林的报告中提到，从现在起到实行一般民族资本的国有化，还需要一段相当长的时间。这段时间到底需要多久，这要看国际的和国内的各种条件来决定，我们估计或者需要十年到十五年。

这是一个内部掌握而没有向社会公布的时间表。因此，在 1949 年中国人民政治协商会议讨论《共同纲领》时，有人提出，既然承认新民主主义是一个过渡性质的阶段，一定要向社会主义过渡，因此在《共同纲领》中就应该把这个前途写出来。经过讨论，最后没有采纳这种意见，理由是"应该经过解释、宣传、特别是实践来证明给全国人民看。只有全国人民在自己的实践中认识到这是唯一的最好的前途，才会真正承认它，并愿意全心全意为它而奋斗"。

直到 1951 年，党的领导层还一直坚持需要一二十年的新民主主义建设阶段后才能转入社会主义的思想。这年 5 月，刘少奇在全国宣传工作会议上说："现在就有人讲社会主义，我说这是讲早了，至少是早讲了十年。当然，作为理论和理想，我们做宣传工作还要讲，而作为实践的问题，十年建设之内社会主义是讲不到。十年以后建设得很好，那时我们看情况，就可以提一提这个问题：社会主义什么时候搞呀？但是还要看实际情况才能答复这个问题。十年以后可能采取某一些相当的社会主义步骤；也可能那时还不能采取这种步骤，还要再等几年。"同年 7 月，刘少奇在给马列学院第一班学员做报告时，也认为向社会主义过渡"少则十年，多则十五年，二十年恐怕不要"。[8]

之所以党的领导人认为需要一二十年的新民主主义建设阶段才能采取社会主义步骤，其着眼点就在于只有经过一个比较长的新民主主义建设阶段，在为向社会主义过渡准备充分条件后，才能考虑过渡的问题。这本来是符合中国实际的。但从 1952 年开始，随着过渡时期总路线的酝酿和提出，这个设想被提前放弃了。

毛泽东等中央领导人是什么时候开始考虑可以结束新民主主义社会的？据薄一波回忆，1952 年下半年开始，毛泽东就考虑向社会主义过渡的问题。1952 年 9 月 24 日，他在中央书记处会议上提出："十年到十五年基本上完成社会主义，不是十年以后才过渡到社会主义。"[9] 从这时到 1953 年上半年，毛泽东一直思考向社会主义过渡的问题。

所谓向社会主义过渡，就是将私有制改造成为公有制，其中关键是将私人资本主义工商业改造为国营企业，将个体农业和个体手工业进行集体化改造。这时，毛泽东认为，经过三年多的时间，已经具备了对其进行改造的条件。

1952 年 10 月，刘少奇率中共代表团参加苏共十九大期间，受毛泽东的委托，于 10 月 20 日在莫斯科给斯大林写了一封长信。信中对我国过渡到社会主义所需的时间和能够实现的条件，进行了估算和分析：中国现在的工业生产总值（不包括手工业），国营企业已占 67.3%，私人企业只占 32.7%。在苏联帮助中国执行第一个五年计划之后，工业中国营经济的比重将会有更大的增加，私人资本主义经济的比重则会缩小到 20% 以下。十年后，私人工业会缩小到 10% 以下，国营工业将占 90% 以上。私人工业在比重上虽将缩小，但它们在绝对数上还会有些发展。因此，这时候多数资本家还会觉得满意，并与政府合作。他们的企业大体都要依赖国家供给原料、收购和推销成品及银行贷款等，并纳入国家计划之内，而不能独立经营。到那时，将征收资本家的工厂归国家所有。设想多数情况下采取的方式是，劝告资本家把工厂献给国家，国家保留资本家浪费的财产，分配能工作的资本家以工作，保障他们的生活。有特殊情形者，国家还可以付给他们一部分代价。

刘少奇还谈到了在农村进行社会主义改造的有利条件：参加互助合作的农民已占 40%，而在老解放区这个比例已高达 80%，已建立了几千组织较好的以土地入股的农业生产合作社和几个集体农场；富农阶级原本不占重要比重，老解放区的旧式富农已经消灭，虽然新富农近年有所发展，但由于采取禁止党员雇工的政策，新富农不会有大的发展，而新解放区虽然保持富农经济，但在农民的斗争中富农经济已受到很大削弱，估计今后也不会有大发展。因此，互助合作运动是今后中国农村经济发展的主要方式。

中共中央的这个想法，得到了斯大林的赞同。10 月 24 日，斯大林接见中共代表团，并且说："我觉得你们的想法是对的。当我们掌握政权以后，过渡到社会主义去应该采取逐步的办法。你们对中国资产阶级所采取的态度是正确的。"

斯大林对中共中央关于过渡到社会主义的设想表示赞同，坚定了毛泽东加快由新民主主义向社会主义过渡的信心。经过半年多的酝酿，1953 年 6 月 15 日，毛泽东在中央政治局会议上，正式提出过渡时期总路线。会议期间，他在一个讲话提纲中写道："总路线是照耀一切工作的灯塔。""党的任务是在十年至十五年或者更多一些时间内，基本上完成国家工业化和社会主义的改造。""所谓社会主义改造的部分：（一）农业；（二）手工业；（三）资本主义企业。"两个月后，他对这个总路线作了完整表述："从中华人民共和国成立，到社会主义改造基本完成，这是一个过渡时期。党在这个过渡时期的总路线和总任务，是要在一个相当长的时期内，基本上实现国家工业化和对农业、手工业、资本主义工商业的社会主义改造。这条总路线，应是照耀我们各项工作的灯塔，各项工作离开它，就要犯'右'倾或'左'倾的错误。"[10]

1954 年 2 月 10 日，党的七届四中全会通过决议，正式批准了中共中央政治局提出的党在过渡时期的总路线。9 月，第一届全国人大第一次会议在北京召开。会议通过的《中华人民共和国宪法》，把这条总路线作为国家在过渡时期的总任务写入总纲，反映了亿万人民群众为建设一个伟大的社会主义国家而奋斗的强烈愿望。

过渡时期总路线提出以后，在全党和全国人民中进行了广泛深入的宣传和教育工作，在党内迅速统一了认识，也得到全国人民的拥护，大规模的社会主义改造由此开始。

三、社会主义改造的完成

中国是小农经济的汪洋大海，如何把亿万农民引上社会主义道路，改造农民个体所有制，发展农业生产，建设先进的社会主义农业经济，是我国社会主义事业成败的关键之一。

我国农民在中国共产党的领导下，有较长时间的互助合作传统和实践。远在第二次国内革命战争时期，在革命根据地就建立了劳动互助社、耕田队、犁牛合作社等互助组织。在抗日战争时期，陕甘宁边区和其他抗日根据地组织了变工队、扎工队等劳动互助形式。在解放战争时期，互助合作组织进一步发展。

1951 年 9 月，中共中央召开全国农业第一次互助合作会议，毛泽东主持制定了《中共中央关于农业生产互助合作的决议（草案）》（简称《决议（草案）》）。这是我国第一个指导农业生产互助合作的文件。《决议（草案）》在总结我国 20 多年革命战争时期的互助合作经验的基础上，提出了我国农业合作化的三种主要形式：互助组，分临时性的初级互助组和常年互助组；以土地入股为特点的农业生产合作社，即初级社；集体农庄，即后来的高级社。《决议（草案）》指出，土改后在农民中存在着发展个体经济和实行互助合作两种积极性，中国共产党一方面不能忽视和粗暴地挫伤农民个体经济的积极性，另一方面要在农民中提倡"组织起来"。《决议（草案）》提出，互助合作运动要根据生产发展的需要与可能的条件，采取稳步前进的方针；同时还明确了初级社是走向社会主义农业的过渡形式；规定了互助组和生产合作社必须贯彻自愿和互利的原则，必须采取典型示范逐步推广的方法，引导农民走互助合作的道路。

到 1952 年，我国农业互助合作组织有了很大发展。这一年全国共有互助组 803 万个，参加的农户为 4500 万户，占农户总数的 40%；初级社共有 3600 多个，入社农户为 5.9 万户，占农户总数的 0.05%；高级社有 10 个。

随着过渡时期总路线的提出，我国互助合作进入大规模发展阶段。1953 年 12 月 16 日，中共中央通过了《关于发展农业生产合作社的决议》，指出："这种由具有社会主义萌芽、到具有更多社会主义因素、到完全的社会主义的合作化的发展道路，就是我们党所指出的对农业逐步实现社会主义改造的道路。"又指出初级社将"日益变成为我们领导互助合作运动继续前进的重要的环节"。[11] 从这时开始，互助合作运动的重点，也就由发展互助组转变为重点发展合作社。

我国农业合作化运动，开始几年前进的步伐是稳健的，但 1954 年底 1955 年初在一些地方出现了急躁冒进倾向。1955 年 4 月 21 日至 5 月 6 日，中共中央农村工作部召开第三次全国农村工作会议。此次会议在分析 1955 年春农村形势后提出，农业合作化的总方针是停止发展，全力巩固，秋后看情况再定；对数量大问题多，超过主观力量的地区，要适当收缩一部分。会后，各地根据本地区的情况，进行了农业合作社的整顿和巩固工作。经过整顿，缩减了 2 万多个社，保留下来 65 万个社，其中 80% 以上的社实现增产。

但这时在党的领导层中，就合作化速度问题展开了一场激烈的争论。争论的焦点有两个，一个是对农业合作社大发展中的偏差怎么看，如何办，特别是对一些地方出现的冒进倾向该不该纠正。中共中央农村工作部认为，浙江省采取坚决收缩的方针，效果是好的。毛泽东则认为，浙江省采用坚决收缩的方针是胜利吓昏头脑，是右倾保守思想的表现。另一个是 1955 年至 1956 年度农业合作社发展数量究竟定多少。中共中央农村工作部部长邓子恢主张稳步前进，坚持中共中央原来批准的发展计划，包括原有的 65 万个社发展到 100 万个。毛泽东主张在原有的 65 万个社的基础上翻一番，发展到 130 万个社。

1955 年 7 月 31 日，中共中央召集各省委、市委、自治区党委书记会议。会上，毛泽东作了《关于农业合作化问题》的报告，批评邓子恢领导的农业合作化运动，"象一个小脚女人，东摇西摆地在那里走路，老是埋怨旁人说：走快了，走快了。过多的评头品足，不适当的埋怨，无穷的忧虑，数不尽的清规和戒律"[12]，由此开展了对所谓"小脚女人"的批判。同年 10 月，扩大的七届六中全会在北京召开，根据毛泽东的报告，通过了《关于农业合作化问题的决议》，再次对邓子恢的"右倾"作了不符合实际的批判。

七届六中全会后，伴随着对"小脚女人"和右倾保守思想的批判，农业合作化运动的速度进一步加快。1956 年 4 月 30 日，《人民日报》向全世界宣布：中国农村基本上实现了初级农业合作化。到这时，全国农业生产合作社共有 100.8 万个，入社农户 10668 万户，占全国农户总数的 90%。在农业合作社大发展的同时，很多农业社进行了合并，由小社并成大社。到 1956 年 3 月底，农业社总数比 1955 年底减少了 81.6 万个，但入社的农户增加了 3122 万户，平均每社由 40 户增加到 98 户，其中初级社平均 50 户。

全国基本实现初级形式的农业合作化后，高级社的发展也异常迅速，1956 年上半年，北京、天津、上海三市，河北、山西、辽宁、吉林、黑龙江、河南、广西、青海等省（自治区），已经实现农业的高级合作化，加入高级社的农户占各省（市、区）农户总数的 90 % ~95%。其他各省（自治区）也有大部或一部分地区实现了高级合作化。1956 年 12 月，全国高级社发展到 54 万个，入社农户占农户总数的 87.8%。加入初、高级社的农户占农户总数的 96.3%。

对于资本主义工商业的社会主义改造，主要是通过国家资本主义的形式，实现对资产阶级的和平赎买。所谓国家资本主义，就是用各种形式和国营社会主义经济联系着的，并受工人监督的资本主义经济。也就是说，这是一种在国家政权控制下的资本主义。国家资本主义的形式可以是多种多样的，如工业领域的加工订货、统购包销，商业领域的委托经销代销，以及公私合营等。

中华人民共和国成立后，党对资本主义工商业采取的是利用与限制并重的方针。为了总结实行利用和限制政策的经验，1953年春，中共中央统一战线工作部部长李维汉率领调查组，到武汉、上海、南京、无锡等地调查。5月27日，调查组向中共中央写了《资本主义工业中的公私关系问题》的调查报告，认为国家资本主义是利用和限制资本主义的主要形式，是将私营工业逐步纳入国家计划轨道的主要形式，是资本主义工业逐步向社会主义过渡的主要形式。中共中央非常重视这个报告，6月15日和6月29日，两次举行政治局扩大会议，讨论资本主义工商业的社会主义改造问题，从指导思想上确定了对资本主义工商业实行利用、限制、改造的方针，明确了国家资本主义的形式是改造资本主义工业的必由之路。

从实践上看，国家资本主义，在1953年以前，重点放在了工业中的委托加工、计划订货、统购包销和商业中的委托经销代销等初级的国家资本主义形式上。1954年到1955年底，是单个企业公私合营发展阶段。个别企业公私合营后，企业的利润在分配上采取"四马分肥"的方式，即合营后企业的利润分为国家所得税、企业公积金、职工福利费、资方红利四部分，资方红利大体只占四分之一，企业利润的大部分归了国家和工人，基本上是为国计民生服务的。

1955 年 11 月 16 日至 24 日，中共中央召开资本主义工商业改造问题工作会议，讨论并通过了《中共中央关于资本主义工商业改造问题的决议（草案）》，确定把对私营工商业的社会主义改造从单个企业的公私合营推进到全行业公私合营阶段。全行业公私合营后，在企业利润的分配上，则不再实行"四马分肥"，而是采取定息的办法。也就是通过核定私营企业的资产，将其总资产额按照当时银行的利率，每年付给一定的利息，付息的期限为 10 年。

全行业的公私合营后，企业的生产资料由原来单个企业公私合营的公私共有转归国家支配。资本家丧失了"三权"：对生产资料的支配权、管理权、人事调配权。资本家虽然还对生产资料有所有权，但已不能买卖，只是在一定时期内起领取定息凭证的作用。这时企业基本上属于社会主义性质的了。

1955 年底 1956 年初，各地敲锣打鼓，掀起资本主义工商业改造高潮。1956 年 1 月 15 日，北京天安门广场举行集会，在郊区农民代表报告实现农业合作化的喜讯之后，工商界代表乐松生在天安门城楼向毛泽东报告了首都已实现全行业公私合营的喜讯。继北京之后，全国各大城市和 50 多个中等城市于 1 月底全部实现了全行业的公私合营。在这一年的第一季度末，除西藏等少数民族地区外，全国各地基本上实现了全行业的公私合营。到 1956 年底，全国原有私营工业 8.8 万家，职工 131 万人，总产值 72.66 亿元，已有 99% 的户数，98.9% 的职工和 99% 的总资产，以及私营商业 82.2% 的户数，实现了所有制的改造。

对于手工业的合作化，在过渡时期总路线提出以后，也是采取积极领导、稳步前进的方针。组织形式是由手工业生产合作小组、手工业供销合作社到手工业生产合作社，步骤是从供销入手，由小到大，由低到高，逐步实行社会主义改造。农业合作化的猛烈发展，也影响了手工业的合作化速度。中共中央 1955 年底提出要求：在两年内基本完成手工业合作化。实际上，由于改变了过去按行业分期、分批、分片改造的办法，采取手工业全业一起合作化的办法，到 1956 年底，参加合作社的手工业人员已占全体手工业人员的 91.7%。

1956 年 9 月，在中国共产党第八次全国代表大会上，刘少奇代表中共中央正式宣布："改变生产资料私有制为社会主义公有制这个极其复杂和困难的历史任务，现在在我国已经基本上完成了。我国社会主义和资本主义谁战胜谁的问题，现在已经解决了。"这就意味着，从1953年过渡时期总路线提出算起，仅用了3年时间，就完成了新民主主义社会向社会主义社会的过渡。

注释

1. 转引自徐斌：《百年大党的关键抉择》，北京联合出版公司2022年版，第96页。

2. 转引自吴承明、董志凯：《中华人民共和国经济史》，社会文献出版社2011年版，第364页。

3. 吴承明、董志凯：《中华人民共和国经济史》，社会文献出版社2011年版，第186页。

4. 中共中央文献研究室编：《建国以来重要文献选编》第一册，中央文献出版社2011年版，第7页。

5. 转引自姚宏杰：《中国革命根据地教育史事日志》，山东教育出版社2020年版，第670页。

6. 《毛泽东选集》第3卷，人民出版社1991年版，第1060页。

7. 《毛泽东文集》第5卷，人民出版社1996年版，第146页。

8. 转引自于光远著述，韩钢诠注：《"新民主主义社会论"的历史命运：读史笔记》，长江文艺出版社 2005 年版，第 120 页。

9. 转引自章百家主编：《中国共产党 100 年 100 事》，中央党史出版社 2021 年版，第 257 页。

10.《毛泽东选集》第 5 卷，人民出版社 1991 年版，第 89 页。

11. 转引自中共中央党校（国家行政学院）中共党史教研部：《中国，由此改变》，北京联合出版公司 2022 年版，第 168 页。

12. 范家进：《当代乡土小说六家论》，浙江文艺出版社 2021 年版，第 59 页。

马克思、恩格斯怎样看待中国文明

李忠杰

马克思、恩格斯研究考察任何社会，总是首先着眼于它的物质生活方式、它的物质资料的生产方式、它的社会的经济结构。对中国的考察也不例外。如果说，马克思、恩格斯对中国古代文明给予了高度评价的话，那么，他们对中国的经济、社会结构却没有给予赞扬。虽然他们在道义上对中国人民在近代遭遇的命运抱有深切的同情，但在社会历史发展的角度上，对中国延续上千年的经济、社会结构及政治制度，却持严肃和冷峻的批判态度。

马克思、恩格斯在欧美从事科学研究和工人运动的同时，也十分关注中国的历史发展和前途命运，关注中国所发生的事件及其对世界的影响。在半个世纪左右的时间里，马克思、恩格斯在他们的著作中多次论及中国，其范围涉及政治、经济、文化、外交、军事、科技，等等。仅《资本论》就有 39 处论述到中国。特别是 1851 年至 1862 年间，马克思、恩格斯比较集中地论述了中国问题，其中专门论述中国的文章就有 23 篇。

马克思、恩格斯对于中国问题的论述，具有深邃的思想内涵。对此加以系统的挖掘和整理，不仅可以进一步加深对马克思主义一般原理的体验和理解，而且可以直接领受马克思主义创始人对于中国问题的评述和指导。这对于我们研究中国历史、中国社会，以及建设中国特色社会主义，都是大有裨益的。本文主要就马克思、恩格斯对中国文明和中国经济社会结构的论述作一专题梳理和评述。

一、从民族历史向世界历史转化的中国

习近平总书记在纪念马克思诞辰 200 周年大会上的讲话中，明确要求学习和实践马克思主义关于世界历史的思想。把马克思的世界历史思想提到如此高的程度，是前所未有的。

马克思、恩格斯认为，人类社会的历史发展过程，就其内涵来说，是从必然王国到自由王国的飞跃，但就其外延而言，也是人类不断扩展自己的活动范围，冲破自然和社会的种种局限，从狭窄的民族历史走向广阔的世界历史的过程。因此，人类社会的发展过程，是时间与空间的结合。世界各个地区、国家、民族的发展，既有各自独特的条件、过程和特点，同时，又日益加强和丰富着它们的相互关联，并表现出某种内在的统一性。统一性与多样性的辩证统一，是把握整个世界历史进程包括每一局部社会发展及事件的基本的方法论原则。

在马克思、恩格斯之前，德国著名的哲学家黑格尔（Georg Wilhelm Friedrich Hegel，1770 — 1831）曾经在

唯心主义基础上阐述过他的世界历史观。黑格尔认为，历史并不是杂乱无章的偶然性堆积，在它的演化中，存在着某种内在的规律性。冲破狭窄的地域范围，由民族历史汇成世界历史，就是其中的规律之一。世界历史是世界精神的外化。世界历史同太阳的轨迹一致，它从东方的中国开始，经过希腊、罗马，到日耳曼结束，德国是"世界精神"的完善体现。

马克思和恩格斯在《德意志意识形态》中，对黑格尔的世界历史思想进行了唯物主义的改造，第一次系统地提出了马克思主义的世界历史进程观。马克思、恩格斯认为，在人类历史发展进程中，确实奔涌着一股世界化的洪流，这就是由民族历史向世界历史的转变。但是驱动这股历史洪流的，不是什么精神和观念，而是在生产力普遍发展基础上形成的社会分工和各民族的互相交往。马克思、恩格斯说，一个民族本身的整个内部结构以及各民族之间的相互关系，都取决于它的生产以及内部和外部交往的发展程度。生产力的发展，分工和交换的扩大，冲破了地域的壁垒，把各个民族推向不可分割的联系和交往中。"各个相互影响的活动范围在这个发展进程中越是扩大，各民族的原始封闭状态由于日益完善的生产方式、交往以及因交往而自然形成的不同民族之间的分工消灭得越是彻底，历史也就越是成为世界历史。"[1]

接下去，马克思、恩格斯便举例论证了他们的这一思想。值得注意的是，他们在例证中提及了中国，并把中国作为世界历史中相互密切关联的一个组成部分："例如，如果在英国发明了一种机器，它夺走了印度和中国的无数劳动者的饭碗，并引起这些国家的整个生存形式的改变，那么，这个发明便成为一个世界历史性的事实；同样，砂糖和咖啡是这样来表明自己在 19 世纪具有的世界历史意义的：拿破仑的大陆体系所引起的这两种产品的匮乏推动了德国人起来反抗拿破仑，从而就成为光荣的 1813 年解放战争的现实基础。"由此，马克思、恩格斯得出结论："历史向世界历史的转变，不是'自我意识'、世界精神或者某个形而上学幽灵的某种纯粹的抽象行动，而是完全物质的、可以通过经验证明的行动，每一个过着实际生活的、需要吃、喝、穿的个人都可以证明这种行动。"[2]

马克思、恩格斯运用世界历史进程观，科学地研究和分析了资本主义产生、发展的历史过程。他们的这一研究，包含着两个不可分割的方面，即一方面揭示了资本主义产生、发展的逻辑的时间进程，另一方面又揭示了资本主义产生、发展的逻辑的空间进程。他们认为，世界市场的发现，对于资本主义生产方式的飞跃突进起了极为重要的作用。在《共产党宣言》中，他们指出："美洲的发现、绕过非洲的航行，给新兴的资产阶级开辟了新天地。东印度和中国的市场、美洲的殖民化、对殖民地的贸易、交换手段和一般商品的增加，使商业、航海业和工业空前高涨，因而使正在崩溃的封建社会内部的革命因素迅速发展。"[3]具体地说，正是世界市场的发现，扩大了商品的需求，促进了资本主义从工场手工业到现代大工业的转变。世界市场的扩大，使商业、航海业和陆路交通得到巨大的发展，反过来又促进工业的扩展。从而，资本主义生产方式及资产阶级的力量愈益壮大，最终取代封建主义而占据了社会的主导地位。

资本主义生产方式的确立和发展，又进一步推动世界市场的扩大，冲破民族、地区的藩篱，将整个世界联为一体。资产阶级"挖掉了工业脚下的民族基础"，"使一切国家的生产和消费都成为世界性的了"。新的工业所加工的，已经不是本地的原料，它的产品也不仅供本国消费。"过去那种地方的和民族的自给自足和闭关自守状态，被各民族的各方面的互相往来和各方面的互相依赖所代替了。物质的生产是如此，精神的生产也是如此。各民族的精神产品成了公共的财产。民族的片面性和局限性日益成为不可能。"[4]

世界市场的形成，还将资本主义的文明传播到世界各地，"把一切民族甚至最野蛮的民族都卷到文明中来了"。"它的商品的低廉价格，是它用来摧毁一切万里长城、征服野蛮人最顽强的仇外心理的重炮。它迫使一切民族——如果它们不想灭亡的话——采用资产阶级的生产方式；它迫使它们在自己那里推行所谓的文明，即变成资产者。一句话，它按照自己的面貌为自己创造出一个世界。"[5]

在资本主义生产方式的进军面前，"那些几千年来没有进步的国家，例如印度，都已经进行了完全的革命，甚至中国现在也正走向革命。事情已经发展到这样的地步：今天英国发明的新机器，一年之内就会夺去中国千百万工人的饭碗"[6]。

随着各民族互相依赖的加深和世界市场的形成，不仅民族历史汇入世界历史，而且"地域性的个人为世界历史性的、经验上普遍的个人所代替"[7]。而各个人的世界历史性的存在，就意味着他们的存在与世界历史直接联系在一起，受世界历史的制约和支配，同时又影响和作用于世界历史。

正因为资本主义消灭了每个国家及这些国家中每一个人以往自然形成的孤立状态，所以，马克思、恩格斯充分肯定了资本主义生产方式在开创世界历史进程中所起的巨大作用。他们明确指出：资本主义"首次开创了世界历史"[8]，使每一个民族和每一个人都深深地卷入世界历史的巨流中。在这个意义上，资本主义开创了人类历史的新时代。

但是，资本主义所开创的世界历史还只是世界历史的一个初始阶段。在这个阶段，"单个人随着自己的活动扩大为世界历史性的活动，越来越受到对他们来说是异己的力量的支配……受到日益扩大的、归根结底表现为世界市场的力量的支配"[9]。只要这种异己力量还存在，人们就摆脱不了对盲目必然性的屈从。所以，资本主义虽然开创了世界历史，但并未终结世界历史，它只是为世界历史的进一步发展奠定了物质基础。随着共产主义革命的发生和胜利，"各个人的全面的依存关系、他们的这种自然形成的世界历史性的共同活动的最初形式"[10]，将转化为对那些异己力量的控制和自觉的驾驭。

那么，世界历史超越资本主义的进一步发展，将采取何种空间形式呢？马克思、恩格斯认为，实现共产主义是无产阶级肩负的历史使命。而无产阶级自身所具有的国际性质，使它只有在世界历史意义上才能存在，就像它的事业——共产主义一般，只有作为"世界历史性的"存在才有可能实现一样。共产主义革命要以生产力的普遍发展和与此有关的世界交往的普遍发展为前提。在这个意义上，"共产主义革命将不仅仅是一个国家的革命，而是将在一切文明国家里……同时发生的革命"[11]。如果不就内容而就形式来说，无产阶级反对资产阶级的斗争首先是一国范围内的斗争。

世界历史的发展是统一性与多样性的统一。随着生产力和世界交往的普遍发展，世界各个国家、地区和民族的发展，大体上都要遵循基本的统一的规律。但是，由于地理环境、民族传统、经济发展水平、文化背景等的不同，各个国家和地区、民族的历史发展，也必然有着自己的特点。世界在多样性中表现出统一性，而多样性又受着统一性的制约。要真正把握世界历史的发展进程，就必须十分注意研究和掌握世界历史的多样性。所以，马克思、恩格斯并不以揭示了人类社会及资本主义社会的基本规律为限，而是非常密切地关注和非常仔细地研究世界不同地区的状况和特点，尤其是东西方地区、东西方文明的特点及其相互间的差异和联系。所以，作为东方社会典型代表之一的中国，就不可避免地进入了马克思、恩格斯的视野之内，成为他们关注的焦点之一。特别是当时西方列强加紧对中国的侵略，导致印度、中国发生一系列重要事件，所以更引起了马克思、恩格斯的注意。在马克思、恩格斯的世界历史进程观中，中国并不是孤立的中国，而是世界历史进程不可分割的一个组成部分。中国既是东方社会的标本，同时又受世界历史进程的影响。中国所发生的事件，与西方世界有着密切的联系，同时又反过来影响着西方世界。研究世界，就要研究中国；研究中国，才能更好地研究世界。

这种博大深远的世界历史进程观，是马克思、恩格斯关注中国问题的思想背景；也只有在马克思、恩格斯关于世界历史进程的思维模式和宏观构架中，我们才能真正认识和理解他们关于中国问题论述的真谛。

二、中国文明及其对世界的贡献

中国是一个历史悠久的文明古国，中华民族以自己的勤劳和智慧创造了光辉灿烂的科学文化。中国古代的农业、畜牧业和手工业，曾经居于世界先进水平；中国古代的科学技术，在很多方面超过西方；特别是指南针、造纸、火药、印刷术四大发明，以及天文学、数学、医学、农学等四大领域，曾经遥遥领先于世界各国；中国的思想、语言和文学艺术，也自成独特的体系。中国文明在世界文明史上占有重要的地位，对人类社会的发展进步产生了深刻的影响。

马克思、恩格斯对中国文明没有作过系统的研究，但是对中国文明的成就和贡献有着基本的了解。在他们的目光中，中国首先是一个悠久的文明古国的形象。100多年前，当中国人民还不知道马克思和恩格斯这两个名字的时候，他们就已经在自己的笔下提及和介绍了中国的文明成就。马克思、恩格斯高度赞扬了中国人民的创造精神，充分肯定了中国文明对世界文明的贡献。

马克思的第一篇政论性文章，是1842年1—2月间撰写的《评普鲁士最近的书报检查令》。而正是在这第一篇政论性文章中，马克思第一次提到了中国，说的是中国的报刊。原话是："请给我们一种完善的报刊吧，这只要你们下一道命令就行了；几个世纪以来中国一直在提供这种报刊的范本。"[12]

随后，在写于同年 4 月的《第六届莱茵省议会的辩论（第一篇论文）。关于出版自由和公布等级会议记录的辩论》中，马克思提到了一位"中国人"，即孔子，还提到了"中国人的直线——八卦"[13]。八卦是《易经》的内容，它是由三条直线（整段的和中断的）进行不同的组合而形成的符号，即卦，象征世界上的各种事物和现象。《易经》八卦反映了一切事物都是可变的这一朴素的辩证法思想，虽然它极其玄奥，但却包含了自然哲学概念的基础。在 19世纪的欧洲，孔子曾被认为是最初注释《易经》的人。马克思在这里提及孔子、八卦，表明他对古代中国的文化已有一定的了解。

指南针、造纸、火药和印刷术四大发明以及其他一些发明创造，是中国古代科学技术成就的突出标志。马克思、恩格斯在他们的许多著作、文章中都提到了这些发明，高度评价了这些发明对于世界文明所作出的重大贡献，并充分肯定了这些发明传入欧洲后，对欧洲科学技术和生产力的发展以及社会的变动所起的巨大促进作用。

在《自然辩证法》一书中，恩格斯全面列举了中国的一系列发明创造及这些发明创造传入欧洲的时间、途径。其中有："蚕在550年前后从中国输入希腊。""养蚕业传入意大利，1100年前后。""棉纸在7世纪从中国传到阿拉伯人那里，在9世纪输入意大利。""磁针从阿拉伯人传到欧洲人手中，1180年前后。"此外还提到了"破布造纸""木刻和木版印刷""活字印刷""火药"等。[14]

在《德国农民战争》一文中，恩格斯明确指出："一系列或多或少具有重要意义的发明大大促进了手工业的发展，其中具有光辉历史意义的是火药和印刷术的发明。"所有这些发明，都大大促进了当时手工业的发展。该书是1850年写的。1875年该书再版时，恩格斯又特意为这段话加了一个注解："现在已经毫无疑义地证实，火药是从中国经过印度传给阿拉伯人，又从阿拉伯人那里同火器一道经过西班牙传入欧洲的。"[15]恩格斯的这段评论和判定，无疑为中国古代文明增添了光彩。

1857年，恩格斯在为《美国新百科全书》所写的《炮兵》一文中，非常具体地论述了中国火药的发明及其发展和在军事上的应用过程。恩格斯说，还没有资料说明，究竟何时人们知道用硝石、硫黄和木炭等制成爆炸物，但是，"根据帕拉韦先生1850年在法国科学院的一份报告所引证的某些中国史料，在公元前618年就有了火炮；在其他一些中国古代的著述中，也有用竹筒发射燃烧实心弹以及类似爆炸弹的记载"。关于火炮在军事上的应用，恩格斯认为在中国早期没有得到充分的发展，但资料证明，"公元1232年"，即宋朝年间，"证实第一次大量使用了它们"。当时被围困的开封府，"曾经使用抛射石弹的火炮来抵御敌人，并且还使用了爆炸弹、炸药筒和其他利用火药的烟火剂"。[16]

接着，恩格斯论述了火药和大炮传入和应用于欧洲的过程。"阿拉伯人从中国人和印度人那里学会了提取硝石和制造烟火剂。在阿拉伯，硝石有两种名称，意思是中国的盐和中国的雪。古代阿拉伯的一些著作家曾提到'中国的红火和白火'"。阿拉伯人很快"就丰富了从中国人那里学到的知识"，即在军事上使用了火炮。当时西方各国还不知道使用火药。只是到14世纪初，火炮的知识才由阿拉伯人传给西班牙人，又从西班牙人那里传到欧洲其他各国。恩格斯进一步论证："火炮起源于东方这一点，还可以从欧洲最古的火炮的制造方法中得到证实""中国和印度最古的火炮也完全是这样制造的，它们同欧洲最古的火炮属于同样早的年代，甚至更早"。[17]恩格斯还说："中国人和阿拉伯人知道利用和制造爆炸弹的方法，这方面的知识可能是后者传到欧洲各国的。"[18]

中国古代四大发明和其他科学技术传入欧洲后，极大地推动了欧洲社会生产力和近代科学技术的发展，从而对欧洲的经济、政治、宗教、文化、教育等产生了广泛而深刻的影响。马克思在《机器。自然力和科学的应用》一书中，对此给予了高度的评价。他指出："火药、指南针、印刷术——这是预告资产阶级社会到来的三大发明。火药把骑士阶层炸得粉碎，指南针打开了世界市场并建立了殖民地，而印刷术则变成新教的工具，总的来说变成科学复兴的手段，变成对精神发展创造必要前提的最强大的杠杆。"[19]

恩格斯在《自然辩证法》中则指出，"各种发明的大量涌现和东方发明的引进"，作为因素之一，使"由中世纪的市民等级所创立的工业生产和商业获得极大发展"，"不仅使希腊文献的引进和传播、海上探险以及资产阶级宗教革命成为可能，并且使它们的影响范围异常广泛而迅速地扩展，此外还提供了大量古代从未见过的、虽然还未系统化的科学事实：磁针、活字印刷、亚麻纸（12世纪以来阿拉伯人和西班牙犹太人所使用的；棉纸自 10 世纪以来就逐渐出现，而在 13 和 14 世纪已经传布得更广，莎草纸从阿拉伯人占领埃及以后就根本不再使用了）、火药、眼镜、机械时计，后者在计时上和力学上都是一大进步"[20]。

在《反杜林论》中，恩格斯指出，"火器一开始就是城市和以城市为依靠的新兴君主政体反对封建贵族的武器。以前一直攻不破的贵族城堡的石墙抵不住市民的大炮；市民的枪弹射穿了骑士的盔甲。贵族的统治跟身披铠甲的贵族骑兵队同归于尽了"。同时，"火药和火器的采用决不是一种暴力行为，而是一种工业的，也就是经济的进步"。[21]火药和火器的使用，无论对于反封建斗争，还是推动工业发展，都起了重要的作用。

印刷术在欧洲的出现，不仅变成了新教的工具，而且把学术、教育从基督教修道院中解放出来。恩格斯指出："书刊印刷业的兴起和商业发展的需要，不仅打破了僧侣对读书写字的垄断，而且也打破了他们对高等教育的垄断。"[22]从此，欧洲的学术中心由修道院转移到了各地的大学，先进的思想文化得到了更广泛的交流和传播。

欧洲近代文明及资本主义生产方式的兴起，有欧洲自身的社会条件，但外部条件也起了不可否认的作用。中国文明进入近代时落后了，但中国古代文明在中世纪后期和近代初期传入并应用于欧洲后，恰好适应了当时欧洲从封建生产方式转向资本主义生产方式的需要。尤其是中国古代的四大发明，不仅提供了最先进的技术手段，而且能广泛应用于经济、政治、军事、文化、教育、科学等各个部门。如果没有造纸术和印刷术，人们很难想象科学文化知识能够得以广泛传播。如果没有指南针，人们很难想象有航海业和地理大发现时代的到来以及由此而开辟的世界市场。所以，中国古代文明为近代欧洲文明的兴起提供了重要的国际条件。正是在这个意义上，马克思把中国古代四大发明称为"资产阶级发展的必要前提"[23]。

三、中国的经济、社会结构及其惰性

社会经济结构是一定的法律的和政治的上层建筑及意识形态树立其上的现实基础，也是区分不同社会形态的标准。马克思、恩格斯研究考察任何社会，总是首先着眼于它的物质生活方式、它的物质资料的生产方式、它的社会的经济结构。对中国的考察也不例外。如果说，马克思、恩格斯对中国古代文明给予了高度评价的话，那么，他们对中国的经济、社会结构却没有给予赞扬。虽然他们在道义上对中国人民在近代遭遇的命运抱有深切的同情，但在社会历史发展的角度上，对中国延续上千年的经济、社会结构及政治制度，却持严肃和冷峻的批判态度。

在 1850 年写的《国际述评（一）》中，马克思、恩格斯把中国称作"世界上最古老最巩固的帝国"，就它的落后性来说，甚至是"最反动最保守的堡垒"。[24] 在 1857 年写的《波斯和中国》中，恩格斯把中国的社会制度称作"这个世界上最古老国家的腐朽的半文明制度"[25]。在 1862 年写的《中国记事》中，马克思把中国称为"活的化石"[26]。

当然，这种严厉的态度并不意味对中国整个历史的否定。毫无疑问，在封建社会，中国的经济和社会发展曾有过辉煌的记录，但是到近代，相对于西方资本主义文明的崛起，中国却明显地落后了、衰朽了。所以，马克思、恩格斯笔下中国的落后性、保守性，基本上都是指近代中国的衰朽状态，而且都是在与近代资本主义生产方式高速发展相比较的意义上而言的。对这种衰朽状态，恩格斯描述道："这个帝国是如此衰弱，如此摇摇欲坠，它甚至没有力量来度过人民革命的危机，因为连激烈爆发的起义也会在这个帝国内变成慢性的而且显然是不治的病症，这个帝国是如此腐化，它已经既不能够驾驭自己的人民，也不能够抵抗外国的侵略。"[27]

那么，为什么中国的封建王朝维持得那样久长？一个文明发展很早的古国为什么不能像欧洲国家那样及时进入现代社会发展的新阶段呢？

恩格斯指出，古老中国整个传统的经济体系，是一种"同家庭工业结合在一起的过时的农业体系"[28]。以这种农业体系为主体，构成了一个自给自足的封闭式的经济结构。这种经济结构像其他前资本主义生产方式一样，也是一种自给自足的自然经济，但同时，又有自己的很多特点。马克思、恩格斯从不同侧面论述了这些特点，归纳起来主要有：

第一，小农业和家庭手工业的结合十分紧密，其内部结构非常坚固，具有明显的保守性和排他性。马克思在《资本论》中指出："在印度和中国，小农业和家庭工业的统一形成了生产方式的广阔基础。"这种"农业和手工制造业的直接结合"，造成了"巨大的节约和时间的节省"，使生活必需品的生产成本非常低廉，从而对商品经济的发展形成了巨大的障碍，或者说，"对大工业产品进行了最顽强的抵抗"。[29]

在《对华贸易》一文中，马克思具体说明了中国农业和家庭手工业的情况。马克思详细引证了英国官员米契尔的有关报告："每一个设置齐备的农家都有织布机，世界各国也许只有中国有这个特点。""只有节俭的中国人才一干到底。中国人不但梳棉和纺纱，而且还依靠自己的妻女和雇工的帮助，自己织布""在收获完毕以后，农家所有的人手，不分老少，都一齐去梳棉、纺纱和织布；他们就用这种家庭自织的料子，一种粗重而结实、经得起两三年粗穿的布料，来缝制自己的衣服；而将余下来的拿到附近城镇去卖"，因此，中国的农民"不单单是一个农民，他既是庄稼汉又是工业生产者。他生产布匹，除原料的成本外，简直不费分文"。马克思认为，中国这种小农业与家庭工业的结合解答了一个谜，即"为什么世界上最先进的工厂制度生产出的产品，售价竟不能比最原始的织布机上用手工织出的布更低廉"[30]。也正因为自给自足的生活必需品成本低廉，使得外部的工业产品难以打入中国农村生活的圈子。

第二，中国的自然经济，自给自足的程度较高，加之中国人生活节俭，因而对商品经济的依赖性较小。中国的农户除食盐、煤油等少量生活必需品依赖市场外，其他生活资料基本上可以自给。马克思继续引用米契尔的报告：

中国农民"大都拥有极有限的从皇帝那里得来的完全私有的土地，每年须交纳一定的不算过高的税金；这些有利情况，再加上他们特别刻苦耐劳，就能充分满足他们衣食方面的简单需要"。而且，"中国人的习惯是这样节俭、这样因循守旧，甚至他们穿的衣服都完全是以前他们祖先所穿过的。这就是说，他们除了必不可少的以外，不论卖给他们的东西多么便宜，他们一概不要"。[31] 需求的缺乏必然限制商品市场的扩大，因而也就必然限制了新的生产方式的出现和发展。

第三，农业生产率的低下，限制了分工的发展和资本的原始积累。马克思认为，中国"小规模园艺式的农业"，虽然"也有过这种巨大的节约"，但"总的说来，这种制度下的农业生产率，以人类劳动力的巨大浪费为代价，而这种劳动力也就不能用于其他生产部门"。[32] 千百年来，中国农业生产的工具和技术虽有发展，但长期没有根本性的改进，所以农业生产主要依靠大量的手工劳作。农业生产占据了大量的劳动力，因而妨碍了精细分工的发展，使剩余劳动力向其他部门转移成为不可能。生产率的低下，也使得人们的生产只能限制在自给自足的范围之内，难以创造更多的财富以促进资本的原始积累，难以生产更多的产品以进入流通领域。

第四，长期的闭关自守，使中国落后于世界文明的步伐。恩格斯认为，中国传统的经济体系"是通过严格排斥一切对抗成分而人为地维持下来的"，曾经长期处于"全盘排外的状况"。[33] 马克思说："与外界完全隔绝曾是保存旧中国的首要条件"，而当这种野蛮的、闭关自守的、与文明世界"为暴力所打破的时候，接踵而来的必然是解体的过程，正如小心保存在密闭棺材里的木乃伊一接触新鲜空气便必然要解体一样"。[34]

当然，马克思、恩格斯对中国经济结构的论述是从总体上而言的，它反映了中国经济结构的基本特点。但是，事实上，到封建社会末期，中国社会内部也逐渐自发地生长着商品经济的因素，商品生产和对外贸易也有一定的发展。对此，马克思、恩格斯也有所注意。恩格斯在为《美国新百科全书》所写的《缅甸》一文中多次提到了中缅贸易的情况，如缅甸的"松节油大量向中国输出"，"瓷器从中国输入"。他还特别强调："缅甸同中国的贸易极为广泛，向中国输出原棉、装饰用的羽毛（主要是蓝松鸦的羽毛）、食用燕窝、象牙、鹿茸、犀牛角和某些比较稀贵的宝石。缅甸以此交换的输入品有：加工过的铜、黄砷、水银、朱砂、金属器皿、铜丝、锡、铅、矾、银、金（包括金叶）、陶器、颜料、地毯、大黄、茶叶、蜂蜜、生丝、丝绒、中国烧酒、麝香、铜绿、干果、纸张、扇子、伞、鞋和衣服。"恩格斯还提到，缅甸生产丝织品"用的是中国生丝"，缅甸"北方山坡上大量种植地道的中国茶树"，等等。[35]

除对中国经济结构的分析外，马克思、恩格斯还注意对中国的上层建筑进行考察。他们的著作中，不时地反映出对中国政治制度的看法。如同对经济结构的分析一样，他们对中国政治制度的腐朽性也给予了尖锐的批判。

在中国封建社会里，长期存在着专制主义的政权，其特点是皇帝的权力至高无上，自上而下形成严密的金字塔形官僚体系。马克思对此描述道："皇帝通常被尊为全中国的君父"，"皇帝的官吏也都被认为对他们各自的管区维持着这种父权关系"。[36]这种中央集权的"官僚体系"和"宗法制度"是与东方社会的经济特点相适应的。马克思在《不列颠在印度的统治》一文中曾指出，"利用水渠和水利工程的人工灌溉设施"是"东方农业的基础"。"节省用水和共同用水是基本的要求"，"但是在东方，由于文明程度太低，幅员太大，不能产生自愿的联合，因而需要中央集权的政府进行干预"。[37] 马克思这里指的主要是印度等国家，中国情况有所不同，但东方社会的某些共同特点中国还是有的。

马克思认为，清王朝闭关锁国的排外政策有其政治上的原因，实际上也是清朝政治制度的一个特点。马克思说："仇视外国人，把他们排除在帝国之外，这在过去仅仅是出于中国地理上、人种上的原因，只是在满族鞑靼人征服了全国以后才形成为一种政治原则。毫无疑问，17 世纪末竞相与中国通商的欧洲各国彼此间的剧烈纷争，有力地助长了满族人实行排外的政策。可是，更主要的原因是，这个新的王朝害怕外国人会支持一大部分中国人在中国被鞑靼人征服以后大约最初半个世纪里所怀抱的不满情绪。出于此种考虑，它那时禁止外国人同中国人有任何来往，要来往只有通过离北京和产茶区很远的一个城市广州。外国人要做生意，只限同领有政府特许执照从事外贸的行商进行交易。这是为了阻止它的其余臣民同它所仇视的外国人发生任何联系。"[38]

马克思、恩格斯还揭露了中国封建制度的腐朽性。在《政治经济学批判》中，马克思引用荷兰经济学家贝尔纳德·孟德维尔（Bernard Mandeville，1670—1733）的一段话，揭露了中国皇帝对社会财富的挥霍浪费和对于经济规律的破坏："这个皇帝（中国皇帝）可以无限制地尽情挥霍。因为除了烙印的皮或纸以外，他不支出也不制造任何其他货币。当这些货币流通太久，开始破烂时，人们把它们交给御库，以旧币换新币。这些货币通行全国和各省……他们既不用金也不用银来制造货币"，"因此他可以不断地无限制地支出"。[39]

这段话中关于货币的情况不符合中国的事实，因为恰恰相反，中国所采用的货币主要是金银而不是纸币。但是说中国皇帝尽情挥霍，这是真实的。

在《鸦片贸易史》一文中，马克思揭露了晚清政府的自大和保守的惰性："一个人口几乎占人类三分之一的大帝国，不顾时势，安于现状，人为地隔绝于世并因此竭力以天朝尽善尽美的幻想自欺。这样一个帝国注定最后要在一场殊死的决斗中被打垮。"[40]

但是这个帝国没有等到自己内部的死亡，却遇到了外部的暴力入侵和掠夺。鸦片的入侵加剧了帝国的腐败。"帝国当局、海关人员和所有的官吏都被英国人弄得道德堕落。""侵蚀到天朝官僚体系之心脏、摧毁了宗法制度之堡垒的腐败作风，就是同鸦片烟箱一起从停泊在黄埔的英国趸船上被偷偷带进这个帝国的。"[41]"和私贩鸦片有关的行贿受贿完全腐蚀了中国南方各省的国家官吏"。"那些靠纵容私贩鸦片发了大财的官吏的贪污行为","逐渐破坏着这一家长制权威——这个庞大的国家机器的各部分间的唯一的精神联系"。"所以几乎不言而喻,随着鸦片日益成为中国人的统治者,皇帝及其周围墨守成规的大官们也就日益丧失自己的统治权。"[42]

正由于中国经济、社会结构和政治制度的种种特点,所以,中国的封建王朝虽然一朝一朝地更换,但总的制度仍千百年延续了下来。经济没有显著的变革和发展,一直处于自给自足自然经济的状态。"经常看到"的是"社会基础不动而夺取到政治上层建筑的人物和种族不断更迭的情形"。[43]

注释

1.《马克思恩格斯选集》第 1 卷,人民出版社 2012 年版,第 168 页。

2.《马克思恩格斯选集》第 1 卷,人民出版社 2012 年版,第 168、169 页。

3.《马克思恩格斯选集》第 1 卷,人民出版社 2012 年版,第 401 页。

4.《马克思恩格斯选集》第1卷，人民出版社2012年版，第404页。

5.《马克思恩格斯选集》第1卷，人民出版社2012年版，第404页。

6.《马克思恩格斯选集》第1卷，人民出版社2012年版，第299页。

7.《马克思恩格斯选集》第1卷，人民出版社2012年版，第166页。

8.《马克思恩格斯选集》第1卷，人民出版社2012年版，第194页。

9.《马克思恩格斯选集》第1卷，人民出版社2012年版，第169页。

10.《马克思恩格斯选集》第1卷，人民出版社2012年版，第169页。

11.《马克思恩格斯选集》第1卷，人民出版社2012年版，第306页。

12.《马克思恩格斯选集》第1卷，人民出版社2012年版，第129页。

13.《马克思恩格斯选集》第1卷，人民出版社2012年版，第167页。

14.《马克思恩格斯全集》第26卷，人民出版社2014年版，第493—495页。

15.《马克思恩格斯文集》第2卷，人民出版社2009年版，第221页。

16.《马克思恩格斯全集》第16卷，人民出版社2007年版，第438页。

17.《马克思恩格斯全集》第16卷，人民出版社2007年版，第439—440页。

18.《马克思恩格斯全集》第16卷，人民出版社2007年版，第442页。

19.《马克思恩格斯全集》第47卷，人民出版社1979年版，第427页。

20.《马克思恩格斯全集》第26卷，人民出版社2014年版，第493页。

21.《马克思恩格斯选集》第3卷，人民出版社2012年版，第547页。

22.《马克思恩格斯全集》第10卷，人民出版社1998年版，第

472 页。

23.《马克思恩格斯全集》第 30 卷，人民出版社 1975 年版，第 318 页。

24.《马克思恩格斯全集》第 10 卷，人民出版社 1998 年版，第 277 页。

25.《马克思恩格斯全集》第 16 卷，人民出版社 2007 年版，第 142 页。

26.《马克思恩格斯全集》第 15 卷，人民出版社 1963 年版，第 545 页。

27.《马克思恩格斯全集》第 12 卷，人民出版社 1962 年版，第 662 页。

28.《马克思恩格斯全集》第 39 卷，人民出版社 1974 年版，第 285 页。

29.《马克思恩格斯全集》第 46 卷，人民出版社 2003 年版，第 372 页。

30.《马克思恩格斯全集》第 19 卷，人民出版社 2006 年版，第 23 页。

31.《马克思恩格斯全集》第 19 卷，人民出版社 2006 年版，第 22 —24 页。

32.《马克思恩格斯全集》第 46 卷，人民出版社 2003 年版，第 115 —116 页。

33.《马克思恩格斯全集》第 39 卷，人民出版社 1974 年版，第 285 页。

34.《马克思恩格斯全集》第 12 卷，人民出版社 1998 年版，第 115 —116 页。

35.《马克思恩格斯全集》第 14 卷，人民出版社 1964 年版，第 288 —290 页。

36.《马克思恩格斯全集》第 12 卷，人民出版社 1998 年版，第 114 页。

37.《马克思恩格斯选集》第 1 卷，人民出版社 2012 年版，第 850—851 页。

38.《马克思恩格斯选集》第 1 卷，人民出版社 2012 年版，第 784 页。

39.《马克思恩格斯全集》第 31 卷，人民出版社 1998 年版，第 512 页。

40.《马克思恩格斯选集》第 1 卷，人民出版社 2012 年版，第 804 页。

41.《马克思恩格斯选集》第 1 卷，人民出版社 2012 年版，第 805 页。

42.《马克思恩格斯选集》第 1 卷，人民出版社 2012 年版，第 779 页。

43.《马克思恩格斯全集》第 15 卷，人民出版社 1963 年版，第 545 页。